아침책상 산문선 06

꽃이 외로운 날

백남오 수필집

백남오

2004년『서정시학』에 수필「지리산의 사계」를 연재 발표하며 등단.2007년「청학동 가는 길」로 교원문학상 당선. 2015년『수필과 비평』평론 신인상.

수필집『지리산 세석고원의 여름』,『지리산 종석대의 종소리』. 수필 선집『겨울밤 세석에서』, 평론집『백남오의 수필쓰기와 비평』등.

경남대학교 한마공로상, 제1회 경남수필문학대상, 제2회 수필미학문학상, 제13회 김우종문학상, 제5회 시대의에세이스트상 수상.

진등재문학회 창립. 진등재문학상을 제정. 현 경남대학교 수필교실 지도교수.

아침책상 산문선 06

꽃이 외로운 날

2025년 8월 22일 1판 1쇄 발행

지 은 이 · 백남오
펴 낸 이 · 최단아
편집교정 · 정우진
펴 낸 곳 · 【아침책상】
주　　소 · 서울시 서초구 서초중앙로 18 504호 (서초쌍용플래티넘)
전　　화 · 02-928-7016
팩　　스 · 02-922-7017
이 메 일 · lyricpoetics@gmail.com
출판등록 · 209-91-66271

ISBN 979-11-92580-62-3 03810

계좌번호 · 국민은행 070101-04-072847 최단아(서정시학)
값 16,000원

꽃이 외로운 날

외로워서 그리워서

　사람이 한평생 살아가는 데 가장 중요한 본질이 무엇일까. 그것은 돈과 명예, 건강과 사랑이 아닐까 싶다. 원하는 만큼의 물질과 재력, 바라는 만큼의 지위와 명예, 만족할 만한 건강과 외모, 이상적인 사랑의 성취를 모두 이룬 사람이 있을까. 어쩌면 신이 원초적으로 불가능하도록 창조했을지도 모를 일이다. 아무리 고귀한 사람일지라도 그 하나에 대한 결핍은 있을 것이다. 갑남을녀라면 수많은 것에 대한 모자람을 안고 살아가야만 하리라. 나 역시 그 부족함을 메꾸기 위하여 치열하게 삶을 탐색하고 글을 써 왔다고 해도 과언이 아니다.

　문제는 지금까지 여섯 권이나 되는 책을 썼지만 도무지 채워지지가 않는다는 사실이다. 오히려 갈수록 더 목마름의 갈증을 느끼는 것만 같다. 나이를 먹어감에 따라 젊었을 때는 생각지도 못했던 또 하나의 복병을 만났음이다. 그것은 외로움과 고독이라는 괴물이다. 문득문득 몰려오는, 피해 갈 수가 없는 이 외로움을 어찌하란 말인가. 외로움이야말로 인생의 가장 절박한 화두라는 사실을 깨닫게 된다.

　고독에서 태어나지 않은 예술은 없다고도 했던가. 동서고금의 수많은 문인들과 철학자들도 이 외로움을 노래했고, 인간의 근원적인 고독을 설파했다. 이번 작품집에는 외로움이란 본질에 대한 깊은 사색이 깔려 있다. 과연 외로움을 이겨내고 피해 갈 수 있는 길이 있기는 할까. 이 외로움을 과감하게 떨쳐 버릴 수 있는 방법이라도 찾아나서 보기로 했다. 비록 그것이 무망한 메아리처럼 흩어지고 말지라도 말이다.

　변함없는 사랑으로 격려해 주시는 최동호 교수님과 거친 사유의 글임에도 따뜻한 해설을 써주신 이승하 교수님께 감사드린다. 이 책이 독자제현의 인생길에 작은 위안이라도 되었으면 좋겠다. 더불어 따뜻한 격려를 함께 나누고 싶다.

2025년 가을, 꽃이 외로운 날
백남오

차례

2부 그리워서 떠난 길

3부 젊은 날의 엽서 한 장

4부 외롭지만 행복하다

1부 그리움의 본질

치자 꽃 향기의 여운

　강렬한 태양아래서 피는 여름 꽃은 여고생처럼 건강미가 넘쳐난다. 7월의 치자꽃은 짙푸른 잎새 사이로 순백의 싱싱함이 마음을 사로잡는다. 그 은은한 향기는 여고에 부임한 뜨거웠던 청년시절의 그리움 속으로 빠져들게 한다. 치자꽃 같은 여학생 한명이 아직도 마음속에 머무르고 있는 것일까.

　꼭 43년 전 얘기다. 27세의 봄날에 나는 꿈을 이루어 선생님이 되었다. 초임지는 주야 50학급 규모의 중소도시에 있는 여고였다. 첫 업무로 1학년 국어를 전담하는 것 외도 문예지도와 학보를 발간하는 일을 맡게 되었다. 당시 문예명문학교로서의 명성을 떨치고 있었다. 문예반이 되기 위한 학생들의 경쟁률도 그만큼 뜨거웠다. 그 중심에 갓 대학을 졸업한 신임교사가 여고생들의 깊은 관심의 대상이었음은 자연스러움이다.

　학보발간이 급선무였다. 학생회장 선거 직후라 신임회장의 프로필이 신문에 들어가야 했다. 문예반의 학생기자가 활동했지만 교사인 내가 직접 인터뷰를 했다. 3학년인 미래는 짙은 남색 줄무늬 교복치마에 하얀 칼라의 블라우스, 묶은 갈래머리, 보통 키에 밝고 건강한 표정, 웃을 때 살짝 들어가는 오른쪽 보조개가 인상적인 여학생이었다.

"안녕하세요. 반갑습니다. 학생회장 당선을 축하드립니다. 먼저 소감부터 한 말씀 하시지요." 나는 대학 학보사에서 배운 그대로 진행을 했다. "예, 선생님 영광입니다. 선생님께서 이렇게 직접 대담을 해 주시다니요." 또박또박 대답을 하는 미래의 모습은 너무나 당당하고 자신감에 차 있었다. 또래 여학생보다는 훨씬 더 성숙함이 배어났다. 그렇게 미래와 첫 만남이 이루어졌다. 나에게는 오직 학보를 기간 안에 내야 한다는 일념이 중요했다. 학보는 성공적으로 나왔다. 미래는 작은 선물로 고마움을 표시했고 감사하다며 받았다.

당시 나는 무학산 밑 조용한 동네에서 하숙을 했다. 단독주택인 하숙집 화단에는 진달래, 철쭉, 영산홍, 상사화가 조화롭게 심어져 있었는데 그 중에서도 유독 파란 잎의 치자나무가 무성하게 중심을 이루었다. 봄이 지나고 여름장마가 시작될 무렵이면 하얀 치자꽃이 탐스럽게 피어서 그 특유의 편안한 향기에 젖어들곤 했다.

그런 어느 날, 동료들과 술 한 잔하고는 늦은 시간에 하숙집으로 돌아왔다. 사복차림의 미래가 문예반친구와 함께 기다리고 있는 것이 아닌가. 행여나 나를 이성으로 생각하고 우리 집을 찾아온 것이 아닐까하는 생각을 지울 수가 없었다. 나는 순간, 불같이 화를 내며 이들을 혼내주어야 한다고 생각했다.

만약 아이들의 감정에 편승하여 잠시라도 교사로서의 본분을 잊어버린다면 지금까지 쌓아온 모든 것이 무너지고 만다는 거대한 고정관념에 똘똘 뭉쳐있었기 때문이다. 척박한 환경에서 길러주신 부모님의 명예를 지키는 일이 무엇보다 중대한 사명감이라 여겼다.

너희들, 허락도 없이 남의 집에 들어온 것은 있을 수가 없는 일이다. 분명히 말하지만 나는 선생이고 너희들은 학생이다. 그 본질은 변할 수 없다. 냉정하게 현실로 돌아가길 바란다. 결코 일시적인 감정이 아니다. 할 말이 있으면 학교에서 하면 된다. 다시 밤늦게 집으로 찾아오는 일이 있으면 용서하지 않겠다. 시간이 많이 늦었다. 당장 집으로 돌아가라.

그렇게 아이들을 꾸짖어 돌려보냈다. 너무 심했다는 생각도 들었지만 나를 다스리기 위한 채찍이 더 컸다. 미래가 돌아간 후의 작은 화단에는 그날따라 치자꽃 향기가 유달리 강하게 코끝을 울컥울컥 스쳤다. 멀리서 산 꿩의 울음소리가 아득히 들려오는 7월의 여름밤이었다.

여름방학이 끝나고 9월이 되었다. 상업학교 3학년 2학기는 학생들의 취업처가 결정되는 중요한 시기다. 미래는 열심히 공부하여 대기업에 합격을 했다. 실습을 나가기 전에 문예실에서 잠깐 만났다.

"미래야 축하해. 이제 졸업식 날이나 보겠구나. 직장으로 가면 새로운 사람들과 미래를 꿈꾸게 될 것이다. 이제 학교와 선생님은 조금씩 잊고 현실에 빨리 적응하기 바란다. 참으로 아름다운 미래가 기다리고 있을 것이다. 넌 어디를 가든 잘할 거야. 그동안 고마웠어." 묵묵부답으로 서 있는 미래의 눈에서는 굵은 눈물방울이 맺히고 있었지만 애써 못 본 척 했다. 미래와의 만남은 그것이 마지막이 되고 말았다. 치자꽃 열매가 발갛게 익어가는 10월쯤이었다.

그리고는 강산이 수십 번도 더 변했다. 나는 지금 미래를 만나러가는 길이다. 19세 여고생이 회갑을 맞이했으니 어떻게 변해 있을지 소년처럼 설렌다. 아직도 소녀시절 그 미소와 당당함이 그대로 있을까. 두 가닥 갈래머리는 어떻게 변해 있을까.

조그만 찻집의 창가에서 미래는 나를 기다리고 있었다. 때마침 화단에는 하얀 치자꽃 두어 송이가 피어 있었다. 세월은 상상보다 더 잔인했다. 40년의 시간 앞에 소녀는 중년을 넘어서는 여인으로 변했다. 40년이 순간인가 싶어 울컥 감정이 북받쳤다. 살짝 들어간 보조개는 그대로였다. 나는 미래가 여고시절과 조금도 변함이 없다며 두 손을 잡았다. 선생님도 그대로라고 말하며 미래는 어색하게 웃었다. 이런저런 얘기를 나누었지만 무엇인가 알 수 없는 커다란 장벽 같은 것은 걷어낼 수가 없었다.

나는 미래에게 꼭 물어보고 싶은 말이 있었지만 끝내, 가슴 속에 묻어두기로 했다. 초임 여고교사의 슬픈 숙명이라 위로하며 짧은 해후를 마쳤다.

사랑하는 일이야말로 난해한 방정식을 풀어내는 의식 같은 것일까. 이 세상에는 처음부터 운명적으로 사랑해서는 안 될 사람이 있는 것이 아닐까도 싶다. 그래서 사랑이란 말 속에는 깊고 뭉클한 아픔 하나 묻혀있는 것일까. 치자꽃 향기가 그리움으로 물들어가고 있는 7월의 어느 저녁 무렵이었다.

무지

나는 어렸을 때 뱀을 보면 무조건 때려서 죽였다. 어쩌다 놓치기라도 할 때면 풀숲까지 따라가서라도 잡아 죽여야만 했다. 그것은 당연했고 그래야 되는 것이라 여겼다. 그 흉측스러운 물건은 인간을 해칠 뿐만 아니라 그 징그러움을 도저히 참을 수가 없었다.

햇볕이 화창한 어느 초 여름날, 어린 우리들은 형들과 함께 동구 밖 평평한 바위에서 뱀 죽이는 놀이를 하고 있었다. 수십 마리의 뱀을 죽여 한 무더기 모아놓고 또 다음 뱀이 나타나기를 기다리며 눈동자를 반짝거렸다. 가끔은 어른들도 그곳을 지나갔지만 12간지 중의 뱀시에 해당되는 '사시巳時가 되어 온 동네 뱀들이 다 나오는 구나'하면서 예사롭게 지나칠 뿐이었다.

모내기가 막 끝나고 개구리 소리 요란하던 그 여름 한나절이 내 유년의 풍경 속에는 생생하게 저장되어 있다. 그날 밤은 꿈속에서도 뱀과 싸우는 악몽을 꾸며 고함을 질러대기가 일쑤였다.

뱀뿐만 아니다. 지게를 지고 가 산속에서 나무를 하다가 산짐승들을 만날 때가 허다했다. 산토끼를 비롯해 고라니, 노루

새끼, 오소리, 너구리, 꿩 등이다. 이런 짐승들을 볼 때도 당연히 다리를 부러뜨리거나 해코지라도 해야 한다고 생각했다. 참새는 고무줄 새총을 가지고 다니며 보이는 대로 쏘았다. 하지만 이런 녀석들은 워낙 빠르고 날쌔어서 한 번이라도 잡아본 기억은 없다. 집안에 돌아다니는 쥐들은 말할 것도 없거니와 길고양이들은 당연히 그냥 두지를 않았다. 하다못해 큰 돌멩이라도 던져서 상처를 내거나 위협이라도 해야만 직성이 풀리었다.

요즘은 곤충이나 벌레 한 마리 죽이는 것에도 주저하고 망설여진다. 그 생명 하나가 태어나기까지의 기다림과 시간의 의미를 생각해 보기 때문일까. 우리 집 뒤 체육공원에는 주인들이 데리고 나온 강아지들이 저마다 재롱을 피우며 즐겁게 놀고 있다. 남의 집 애완견인데도 그냥 지나치지를 못한다. 말을 걸기도 하고 함께 놀아주기도 한다. 모두가 개성이 있고 예쁘기만 하다. 어떤 녀석은 내게 덥석 안기기까지 한다. 전생에 무슨 업이 있어 강아지로 태어났으련만 이승의 업을 부지런히 닦는다면 저들도 언젠가는 사람으로 태어날 때도 있으리란 가당찮은 상상도 해본다.

세월이 흐름에 따라 사람의 마음은 분명히 변한다는 것은 사실이다. 그것은 심성의 본질이 변하는 것인지, 모르는 사실을 알게 됨으로써 오는 변화인지는 잘 모르겠다. 나는 지난 가을 무학산 산책길에서 참 오랜만에 뱀을 만났다. 화들짝 놀라면서도 수 만겁의 인연을 타고 내려온 생명 하나가 무사하기를 기원했다. 가만가만 숲속으로 들어가는 긴 몸뚱아리가 추위와 바람에 잘 견디어 무사히 겨울나기를 바라며 보이지 않을 때까지 그 자리에 머물러 서 있었다.

내가 어린 시절 마구잡이로 여린 짐승들을 죽인 것은 결국 무지 때문이란 생각이다. 아는 것이 없고, 미련하고 우악스러움 말이다. 생명의 소중함도 알지 못했을 뿐만 아니라 내게로 온 그 인연의 아름다움을 몰랐던 것이다. 이제는 미물의 생명이라도 함부로 죽이지 못함은 생명이 얼마나 큰 가치인가를 깨달았음이 아니겠는가.

소년은 성장하면서 사랑을 배우고 인연의 중요성을 깨닫고 생명이야말로 세상 어떤 것과도 바꿀 수가 없는 핵심 정수리라는 사실을 알게 된 것이리라. 모든 생명은 근본적으로 같은 것이며 나의 생명과도 조금도 다를 바가 없는 것임을 배우게 되었다.

어린 아이 한 명이 무지해도 그렇게 숱한 생명들을 희생시킬진대, 성인이라면 얼마나 많은 생명을 짓밟을 것인가. 만약에 말이다. 한 사회를 이끌어가는 지도자가 무지하다면 그 구성원들의 자유와 인간적 존엄은 어찌할 것인가. 더 나아가서 무지한 통치자가 나라를 이끈다면 그 백성들은 얼마나 많은 편견 속에서 고통받을 것인가. 그것도 약소국이 아니라 강대국의 수장이 미련하고 우악스러워 전쟁이라도 꿈꾸고 실현한다면 인류의 미래는 어떻게 될 것인가.

생각만 해도 끔찍스럽고 상상할 수도 없을 만큼 비극적이고 참혹하다. 이미 동서고금을 통한 인류의 역사가 명백히 밝혀주고 있는 사실이지 않은가. 생명과 인간을 사랑하는 따뜻한 휴머니티 또한 지도자의 중요한 덕목임도 다시 한 번 생각해보게 된다.

배움이란 협소한 경험의 울타리를 벗어나 하나의 사물이나 현상이 맺고 있는 관계성을 깨닫는 일이라 했던가. 그 정의가 어찌되었건 배움이라는 것이 깨달음 자체만은 아닐 것이다. 그러한 깨달음은 무지를 극복하고 현실을 통해서 실현시켜야만 하는 것이라 본다. 가령 인간이 가지고 있는 사악한 본성마저도 배움의 힘으로 억누르고 생명의 파괴를 막을 때 완성되는 것이라 믿는다.

무지가 얼마나 무섭고 큰 화를 불러올 수 있는가를 깨닫는 요즘이다. 그렇다고 나는 지금 세상의 이치를 모두 알았다고 할 수는 없다. 내가 모르는 것으로 인하여 또 얼마나 많은 사람과 사물들이 고통 받고 괴로워할 것인가를 통탄하지 않을 수가 없다. 끊임없이 사유하고 정의로운 진리를 깨우치는 일에 게을리해서는 안 될 이유다.

무지는 함께 살아가는 소중한 공동체를 위해서도 반드시 벗어나야 할 죄악이 아닐까 싶다.

지중해

지중해라면 저 멀리 에메랄드빛 바다와 푸른 숲 하얀 벽에 선홍색 지붕으로 조화를 이루는 매혹적인 풍광을 상상할 것이다. 나는 지금 유럽 문명의 중심 무대이며 자스민 향기 고혹적인 그 정열의 해변을 말하려는 것이 아니다. 그냥 일주일에 한두 번 들러 생맥주를 편하게 마시는 마산의 자산동 11-19 번지에 위치한 간이 주점 '지중해'를 얘기하려 한다.

이 집에 20년 이상이란 긴 세월 동안 변함없이 발길을 끊지 못한 데에는 사연이 있다. 무엇보다 사는 집과 가깝다. 한때 구암동에 한 십 년 살 때는 단골 술집이 그곳에 있었다. 당시 나의 술친구들은 모두 구암동으로 모였다. 그 시절 드나들던 술집은 소계천변 포장마차와 참치 회를 안주로 하는 맥주집이었는데 참 많이도 마셨다. 야간학급에 근무하던 어느 해 늦가을, 낙엽으로 뒤덮인 포장마차 뒤편의 학교 운동장에서 직장 동료들과 밤새 맥주를 마시며 꽃다운 젊음을 맹목적으로 소진하던 30대 시절이 꿈결처럼 스친다. 지금 와서 뒤돌아보면 직장이란 것도 한 시절 바람처럼 스쳐간 인연이었을 뿐인데 말이다. 인생이란 그렇게 과정으로 흘러가는 것이 아닐까도 싶다.

40대 중반에 무학산 자락의 자산동으로 이사를 했다. 마을이 형성되던 시기라 주변은 공허했으며 식당 주점 등이 하나씩 들어서기 시작했다. 그때 막 개업한 집이 지중해다. 자연스럽게 친구들도 지중해로 모여들었고 직장에서 회식 후 2차 자리도 되었다. 싱거울 정도로 껑충 큰 키의 마담 김영순 여사는 나보다 두 살 위의 미혼이었는데 천성이 깊고 순박했다. 그냥 오랜 친구나 누나처럼 이것저것 챙겨주기도 하고 편한 말벗이 되어주었다.

어느 봄날 토요일 오후로 기억된다. 혼자 무학산에 올랐다가 정상 일대의 광활하고 화려한 진달래꽃에 취해 망연히 빠져들었다. 홀로산행의 고적감으로 휘적휘적 능선을 타고 내려와 지중해 앞에 이르렀다. 늦봄의 길어진 해도 서산마루에 걸리었다. 뻐꾸기 울음소리마저 애잔했다. 봄기운을 가누지 못해 딱 한 잔만 하고 일어설 요량으로 술집 문을 열었다. 한 잔이 두 잔 되고 두 잔이 석 잔 되어 결국 생맥주를 열 잔 이상이나 마시는 기록을 세우고 말았다. 그날 그 밤거리를 어떻게 걸어서 집에 들어갔는지는 몽롱할 뿐이다. 그 젊었던 봄날의 서정이 나이가 들수록 울컥울컥 가슴에 걸리고 되새겨지는 것은 무엇 때문인지 알 수가 없다. 다만 나는 그날 처음으로 혼자서 술을 마셨고, 혼자서도 얼마든지 대취할 수 있다는 진실 하나를 배운 날이다.

내가 등단한 이후 지중해는 우리들의 문학 사랑방으로 격상되었다. 대학이나 문학관에서 문학 강의가 있는 날이면 어김없이 지중해에 다시 모인다. 특별히 누가 나서서 강요하는 사람도 없다. 선생인 내가 수업을 마치고 술집에 가서 한 잔 하자고 말할 수 있는 시대도 아니다. 그럼에도 약속이나 한 듯이 한 명 두 명 모여들기 시작한다. 단 한 주라도 거르는 일이 없었다. 그 늦은 시간에 자유의지로 모여서는 생맥주를 마시며 2라운드의 토론이 이어진다. 강의실에서보다 더 많은 공부를 한다는 이도 있다. 그러한 과정에서 수많은 문학작품이 잉태된 것도 사실이다. 이 수필 「지중해」도 그렇게 태어난 결과물이 아닌가. 수업 시간에 못 올 사정이 있을 때는 지중해로 바로 출근해서 출석을 인정해 달라는 낭만적인 문우도 있다.

강의 후뿐만 아니다. 합평회, 세미나, 문학기행 등 행사 후에도 지중해에 모인다. 그래야만 하루 일정이 마무리된다고 믿을 정도다. 언제부턴가 관례처럼 되어 버렸다. 이쯤 되다 보니 나를 아는 사람들은 지중해에 한 번쯤은 들렀다고 보면 된다. 고인이 된 서인숙 수필가도 이 집 맥주가 맛있다며 좋아하신 기억이 있고 서울대 방민호 교수는 문학 특강을 하기도 했다. 진주에서 경남수필 월례회가 있는 날에는 우리 지역 작가들끼리 담소를 나눈 적도 있다. 나의 한 친구는 새벽 2시에 혼자 와서는 친구가 보고 싶어 들렀다며 맥주 한 잔 마시고 갔다는 얘기도 들었다. 어림잡아 백 명 가까운 문인들이 이 집을 들락거렸으니 이제는 문학의 성소로 생각해도 틀린 말은 아닐 성싶다.

지중해는 테이블 다섯 개에 스물 두 개의 의자가 있는 10평 규모의 작은 공간이다. 가운데 큰 '테이블야자' 한 그루 심어진 화분 하나 덩그러니 있을 뿐 특별한 장식도 없다. 여섯 명 이상이 앉으면 탁자를 붙여서 자리를 만들어야 할 정도로 불편하다. 그렇지만 70년대의 음악이 잔잔히 흐르고 옛 추억을 더듬게 하는 안온함이 있다. 무엇보다 제법 마셔도 주머니 걱정을 안 해도 될 만큼 부담이 없어 좋다. 저렴하기도 하지만 약속이나 한 듯이 매번 돌아가면서 술값을 계산하니 그렇다.

개업 이후 한 번도 교체하지 않은 낡은 의자지만 마음만은 더 이상 편할 수가 없다. 지중해는 연중무휴다. 주인장이 모친상을 당했을 때 딱 한 차례 문을 닫았을 뿐이다. 이런 공간이 있다는 자체만으로도 얼마나 다행인가 싶을 때가 많다. 늘 덕담만 해주는 마담도 이제 칠순을 훌쩍 넘겼다. 세월 앞에 영원할 순 없겠지만 건강하게 그 모습을 볼 수 있기를 바라는 마음이다.

오늘도 저녁 수업을 마치고 지중해에 모였다. 한결같이 마른 멸치에 땅콩과 삶은 오징어 안주로 생맥주가 나온다. 수업 시간에 하지 못한 얘기들을 너도나도 자연스럽게 풀어 놓는다. 너무나 익숙한 풍경과 얼굴들이어서인지 마냥 편하기만 하다. 이런 시간이 언제까지 계속될지는 모르지만 오래오래 지중해에서 고단한 육신과 영혼의 여독을 풀고 싶다.

지중해, 우리들의 아름답고 열정적이었던 문학의 요람으로 영원히 기억되리라. 언젠가는 우리 모두 떠나고 없을지라도 말이다.

그리움의 본질

작가들을 대상으로 세계문학사에서 가장 훌륭한 소설을 꼽으라는 설문 조사를 한 적이 있다는 얘기를 읽었다. 그 결과 톨스토이의 「안나 카레니나」가 1위로 꼽혔고, 플로베르의 「마담 보바리」와 나보코프의 「롤리타」가 5위 안에 들었다고 한다. 「안나 카레니나」와 「마담 보바리」는 유부녀가 사랑에 빠져 결국 안나는 달리는 기차에 스스로 몸을 던지고, 엠마는 독약을 마시며 자살로 끝맺는 비극적 내용이다. 「롤리타」는 10대 소녀를 사랑한 중년남성의 얘기다. 사람의 마음을 이해하는 일이 만만치가 않음을 시사한다.

이 작품들이 명작으로 꼽히는 이유는 무엇일까. 그것은 본능, 충동, 욕망, 사랑이라는 감정을 특수하면서도 보편적으로 풀어내고 있기 때문이라 생각한다. 「안나 카레니나」에서 안나의 마음을 이해하기 위해서는 천 쪽이 넘는 분량의 내용이 필요하다. 그것을 다 읽었을 때만 여인의 내면을 조금이나마 이해할 수 있다는 의미이다. 그게 바로 소설 「안나 카레니나」가 보여주는 인문학적 가치가 아닐까 싶다.

문학작품을 창작하거나 읽는다는 것은 인간의 내면 풍경을 정확하게 표출하고 들여다본다는 것일지도 모른다. 그 과정은 참으로 복잡하고 난해한 여정이다. 인간은 그냥 일반적이고 보편적인 존재만이 아니라 개별적이고 복합적이며, 수만 겹의 욕망을 가지고 있는 존재이다. 오죽했으면 한 인간을 이해한다는 것은 물리학자가 지구 전체를 아는 것만큼이나 어렵다고 했을까. 그 이상일지도 모른다. 인간 내면의 충동 욕망 사랑 같은 감정은 자연과학적 데이터로서는 도저히 정확하게 측정해 낼 수가 없기 때문이다. 인간이야말로 천상천하 유아독존이라는 말이 실감이 난다.

이런 사실을 보더라도 사람이 사랑으로 만나 그 사랑을 지속한다는 것이 얼마나 어려운 일인가를 알 수 있다. 처음에는 상대의 좋은 면만 보이지만 싫어질 때면 수많은 결점들만 확장 표출되는 것이다. 문제는 좋은 면만 볼 수 있는 사랑의 유효기간이 너무 짧다는 사실이다. 이러한 근원적인 내용을 알고 이해하는 이가 있다면 인문학적으로 얼마나 성숙하고 멋진 사람일까. 사랑이야말로 엄중하고 깊은 내면의 무늬임을 안다면 그 유효기간은 개인의 의지로서 늘릴 수 있다고 본다.

이 모든 것들이 결국은 그리움의 본질이라고 한다면 어불성설일까.

우번조사의 환생

지리산 도계암의 임종안 선생과 노고단 밑에 있는 우번대에 다녀왔다. 봄기운이 약동하고 노란 산수유 꽃이 흐드러진 3월 10일이다. 기적 같은 사연들과 함께 가슴 찡한 지리산 길을 무려 여섯 시간 이상이나 걸었다.

임종안 선생은 2020년에 『산에는 길이 있네』라는 수필집을 펴낸 작가다. 나는 이 책을 읽으면서 울컥울컥하는 감정을 주체할 수가 없었다. 그 인연으로 애잔한 그의 삶이, 이제는 마음속 깊이 들어와 나의 한 부분이 되었을 정도다. 우번대는 그가 20대 초반에 잠깐 머물렀던 곳이다. 올해 팔순을 맞이하는 그로서는 실로 60년만의 해후이니 얼마나 감개무량했을까 싶다.

도계암은 지리산 천은사의 말사로 절 대문간에 버려진 아이들을 키우는 비구니 암자로 세상에 알려져 있다. 그 역시도 강보에 싸인 채 도계암 문간에 버려진 아이였다. 매정한 부모를 대신하여 어린 그를 거두고 길러주신 분은 인자하신 할머니 스님이셨다. 그렇게 그는 험난하고 고독한 세상을 핏줄 하나 없이 80년의 세월을 견뎌온 것이다.

세상에서 가장 슬픈 것이 부모의 사랑을 받지 못하는 아픔,

굶주림과 멸시받는 설움이라면 그 중에서도 부모 없는 고통이 가장 클 것이라고 생각한다. 나는 70을 바라보는 나이인데도 어머니가 보고 싶다. 부모님의 사랑이 살아갈수록 사무치게 그립다. 그러니 천륜의 사랑을 받아보지 못한 그 슬픔과 아픔의 깊이를 짐작이라도 할 수가 있겠는가.

선생은 1941년에 태어났지만 청소년기는 여순반란사건, 한국전쟁 등 우리의 현대사가 지리산을 중심으로 요동치던 격변의 시기였다. 목숨을 다투는 전쟁의 소용돌이 속에서도 초등학교를 졸업할 수 있었던 것은 행운이었다. 그 이후 여수에 있는 작은 암자에 대처승으로 출가한다. 말이 출가이지 무려 6년 동안 새경 없는 종살이에 불과했다. 견딜 수 없는 비인간적인 고역이었다.

천은사로 돌아온 임종안은 은사스님을 정하고 본격적인 승려 생활을 시작한다. 이 시기에 전설속의 암자인 상선암으로 처소를 옮겨 우번대를 오르내리며 3년간 사회 공부에 매진하게 된다. 그러나 운명은 그를 평범한 승려로 두지 않았다. 동료스님으로부터 사찰 산판에 부정이 있고 사회적으로 크게 말썽이 되니 바로잡자는 제의를 받는다. 정의감에 불타는 청년 임종안은 모든 공부를 중단하고 투사의 길로 들어선다.

사찰과 주지의 비리를 조목조목 들추어서 진정서를 작성하고 서명을 받아 청와대까지 보냈다. 구례경찰서가 발칵 뒤집힌 것은 물론이다. 정의를 사랑하는 이들이 박수를 보내고, 청정한 기운이 자신을 돕고 있다고 믿었다. 위축되지 않고 씩씩한 모습으로 싸워나갔다. 감독해야 할 기관마저 거대한 악의 고리에 함께 연루되어 있을 것이라고는 그때는 상상도 못했다. 그런 과정에서 입영통지서를 받았고 30개월의 군복무를 마치고 다시 천은사로 돌아온다.

전역 후에는 사찰 운영에 눈을 감고 살 작정이었지만 현실은 너무나 부조리하게 보였다. 산판을 팔아서 부자 절이란 명성이 자자했지만 현실은 먹을거리가 없을 정도였다. 속가에 처자식을 둔 대처승들이 재산을 빼돌린 탓이었다. 문제는 그러한 부정투성이를 보고서도 누구도 나서지를 않는다는 것이다. 투쟁은 다시 시작된다. 이때 총무원에서 차라리 천은사 주지를 맡으라는 제의를 받고 임명장을 받았다. 26세의 피 끓는 나이였다. 총무원 지원금을 늦지 않게 납부해야 한다는 전제가 있었기에 그것은 불가능한 일이었다. 주지 취임식도 못한 채 해임이 되었다. 총무원의 무원칙한 종무행정이 더 문제라는 사실도 알았다. 종무원을 검찰에 고발했다. 자신은 운명적으로 교단의 비리를 고발하고, 정의를 실천하기 위해서 사찰 문전에 버려졌다고 믿었을 정도다.

그러나 그의 투쟁은 끝도 진전도 없었다. 종단개혁의 기폭제 역할도 하지 못했다. 달라진 것이라곤 아무것도 없었다. 자신의 처지만 곤궁의 수렁으로 빠져들 뿐이었다. 한 개인의 허망한 패배로 끝날 싸움이란 사실을 그때쯤 깨닫게 되었다. 그의 투쟁은 그렇게 막을 내리고 만다. 이후 목근예술가로서 새로운 삶으로 출발하지만 그때는 사찰과 주지가 그를 가만두지 않는다. 자연훼손죄로 경찰에 고발되어 유치장에 갇히는 신세가 된다. 풀려나기는 했지만 상처는 컸다. 이런 상황에서 그는 정든 천은사와 도계암을 떠날 수밖에 없었다. 환속 아닌 환속이었다.

지리산에서도 가장 깊은 심원마을에서 정착하기로 마음을 먹었다. 화전민의 집터를 얻어 힘겹게 둥지를 마련하고 한봉을 하면서 목숨을 부지했다. 어느 날 움막을 헐고 천막을 갈기갈기 찢어버린 현장에서 아연실색하고 만다. 이미 그는 공단 직원과 정보기관 형사들의 감시 대상이 된 것이다. 투신을 결행하려고 앞산 높은 절벽으로 이동 중에, 쏟아져 나오는 벌떼의 공격에 새로운 삶의 의욕을 찾게 된다. 모든 것을 버리고 마지막으로 돌아갈 곳은 핏덩이로 왔던 도계암뿐이었다.

 천애고아인 그는 왜 투사가 되었을까. 어린 시절 주지승의 같은 또래 아들에게 뺨을 맞은 적이 있다. 그때 처음으로 힘 앞에서는 비굴해야 한다는 비애를 맛보았다. 이때 각인된 억울함이 무의식으로 잠재된 것이라 했다. 역사에 만약은 없지만 영특하고 인정 많은 그가 투사의 길이 아니고 세상을 긍정하는 삶을 선택했더라면 지금쯤 어떻게 달라져 있을까 궁금하기만 하다.

 도계암에서 그가 할 일은 많다. 이제부터는 자신을 길러준 은혜에 보답해야 한다. 암자의 허드렛일과 차량을 운전하는 일도 그의 몫이다. 근래에도 대문 앞에는 강보에 싸인 불쌍한 아이들이 버려진다. 이 아이들도 정성을 다해 돌보아야 한다. 그는 비구니 암자의 승려로서가 아니라 불목하니로 돌아온 것이다. 물론 스스로가 자청한 일이다.

 1980년, 선생의 생애에서 가장 결정적인 전환점을 맞이하게 된다. 『신동아』 11월호에 논픽션 「인간송충이」가 당선작으로 뽑힌다. 칼럼리스트로 대우를 받고 유력 일간지와 잡지의 필자가 되었다. 전국에서 격려의 편지가 쏟아졌고 유명 문인들이 모여들었다. 법정스님이 직접 다녀갔을 정도다. 2012년에는 수필전문지 『에세이스트』로 등단작가가 된다. 문학이야말로 그의 인생에서 최고의 안식처이자 화해의 공간이라고 확신한다.

하산 길에 문득, 그가 신라시대 상선암에서 수행하던 우번조사가 환생한 것이 아닌가 하는 생각이 스친다. 상선암에서 기도하던 우번은 여인의 유혹을 물리치려고 종석대에서 토굴을 파고 수행정진하다 도를 깨쳤다. 바로 그 현장이 우번대다. 그는 이 세상에 홀로 와서 홀로 살며 홀로 저 세상으로 떠날 것이다. 우번은 수행으로 득도를 했지만 임종안은 삶 자체가 수행이고 정진이다. 득도를 하지 않고서는 불가한 삶이다. 두 사람은 꼭 닮아 있다.

선생이 다음 생에는 외롭고 고적한 산사가 아니라 사람이 벅적대는 곳에 태어나기를 소망해 본다. 화목한 가정에서 사랑받으며 성장해, 좋은 배필만나서 아들딸 낳고, 부귀영화의 삶을 누리시길 기원한다.

나무를 심으며

어제는 머릿골에 나무를 심었다. 향기로운 금목서와 은목서를 심었다. 고귀한 백목련 자목련, 백일홍도 심었다. 대학시절 추억의 꽃 라일락과 산수유 옥매화도 심었다. 홍도화와 능수겹벗, 홍가시와 박태기나무도 심었다. 문학을 향한 꿈과 열정, 영원을 생각하며 꼭꼭 심었다.

이 나무를 심기 위하여 얼마나 수많은 날 들을 가슴 저미며 기다려왔던가. 그냥 단순하게 나 혼자만의 생각으로는 이루어지는 일이 아니기 때문이다. 나무를 심을 장소가 있어야 하고, 의미 있는 사람과 장비도 필요하다. 내 나이 66세쯤의 봄날에는 꼭 나무를 심어야겠다고 단단히 결심해 두었다.

먼저, 내가 믿고 의지하는 우리 수필교실 단체 카톡방에 조심스럽게 식목 날짜를 올리고 동반자를 기다리는 것이 순서라 생각되었다. 다섯 분의 문우들이 함께 나무를 심겠다고 알려왔으니 가슴 찡한 감동이 전해져왔다.

그렇게 꽃샘추위가 시샘을 부리는 3월 17일 아침, 출발장소인 중리 '푸른식물원' 앞으로 그 주인공들이 한 명씩 모여들기 시작한다. 곡괭이와 삽 등의 장비들을 차에 가득 싣고 오신 선생님. 주변을 정리할 전기톱을 들고 나타난 분. 묘목을 싣고 갈 커다란 트럭 한 대를 몰고 와서는 씩 웃는 문우님. 막걸리와 충무김밥, 돌문어를 삶은 도시락과 먹거리를 한 배낭 짊어진 채 차에서 내리는 작가님. 예쁜 친구 한 분과 깨끗하게 손질한 야채며 삼겹살까지 준비해 분위기를 띄우는 홍일점 선생님까지 모였다. 이분들의 사랑과 정성이 온몸으로 전해진다. 이것저것 아름다운 이름의 묘목을 챙겨주는 식물원장 문우의 성의까지 한 트럭 실은 채 진등재로 달려간다.

나무를 심는 현장은 머릿골 입구 '도원사' 바로 밑, 아버지께서 물려주신 4백 평 정도의 아담한 언덕이다. 좌측 진등재와 우로는 장고개 능선이 유려하며 뒤로 천황산의 기운을 받고 앞에는 미타산이 환히 바라보이는 걸출한 풍광이다.

내 유년의 꿈을 키우고 초등학교 6년을 오가던 추억이 서려 있는 길가의 동산이기도 하다. 비록 도시로부터 멀리 떨어져 있고 인적 뜸한 첩첩 산골이지만 할아버지와 할머니, 아버지와 어머니의 선영이 있는 따뜻한 고향 땅의 보금자리다. 우리들은 하나 된 마음으로 잡목을 베어내고, 나무를 심고, 물을 주고, 지주대를 세우고, 그렇게 온 힘을 다하여 식목을 끝낸다.

나는 이곳에 작은 수필공원 하나 만들고 싶다. 또한 이생을 다하면 육신은 이 나무들의 거름이 되고 싶다. 나무가 건강하고 무럭무럭 자라서 거목이 되었으면 좋겠다. 그렇게 나도 나무가 되어 영원히 잠 들기를 꿈꾸어 본다.

고개 한번 들어보니 하늘이 유난히 맑고 높은 봄날이 눈부시다. 문득, 천 년 후의 이곳 3월도 오늘처럼 이렇게 티 없이 푸를까를 상상해 보며 내 인생의 역사적인 하루를 접는다.

한신이가 왔어요

올해 어버이날에는 새로운 생명 한신이가 왔구나. 태어난 지 8개월 조금 넘은 한신이가 외갓집에 첫걸음을 했구나. 몇 번 본적이 있고 영상통화는 자주했지만 실제로 보는 외할아버지가 많이도 낯설었을 것이다. 한신아, 하고 안아보니 커다란 눈망울로 뚫어지게 바라보는 것이 아닌가. 엄마 아빠만 보다가 새로 나타난 사람에 대하여 얼마나 낯설고 신기했을까. 그렇게 한참이나 할아버지를 뚫어지게 보고 또 보더니, 그 다음에는 울어볼까 웃어볼까 갈등을 하는 표정을 짓는다. 삐죽삐죽하다가 결국은 웃고 만다. 할아버지에게 안겨 얼굴도 만져보고 우유도 먹으면서 내내 벙글벙글 웃어준다. 세상에 이렇게도 귀하고 예쁜 생명이 어디에서 왔을까 싶다.

우리 딸 지혜가 사위와 함께 아들을 낳아 친정에 왔다. 이것저것 선물을 챙기다가 이벤트까지 연출을 한다. 한신이에게 빨간 카네이션 꽃 모자를 씌우고 파란 리본을 두 갈래로 늘어뜨린다. 그 리본에는 하얀색 글자로 "꽃 대신 제가 왔어요"를 새겼다. 그래 한신아, 너를 어찌 꽃에 비유하겠는가. 고맙다 한신아, 우리 딸 지혜야. 내가 울컥해진 것은 선물 속에 들어 있는 딸아이의 편지 때문이었다. 또박또박 정성스럽게 써내려 간 엽서에는 이렇게 쓰여 있었다.

아빠, 어버이날이라고 이렇게 카드를 다 써봐. 매년 찾아오는 어버이날이지만 올해는 한신이가 태어나고 처음 맞이하는 어버이날이라 그런지 어린 시절 젊었던 엄마 아빠의 모습이 계속 떠올라. 딱 내 나이의 엄마 아빠, 그때는 어땠을까. 한창 하고 싶은 일도, 이루고 싶은 일도 많았을 나이였을 텐데 포기한 것은 없었을까. 가정이 생기고 자식을 낳아보니 엄마 아빠 생각이 제일 많이 나고 그래. 사랑을 많이 받고 자란 나는 또 그 사랑을 가족들에게 표현하면서 그렇게 살게요. 아빠, 사랑해요.

그냥 눈물이 났다. 결혼을 하고 아이를 낳고 살아가는 일이 자연스러운 이치라 해도 삶의 마디마디에서 겪고 느끼는 정서는 이렇게 기쁨과 슬픔이 교차하는가 싶다. 서른아홉이 될 때까지 결혼 생각이 없다며, 꿈쩍도 하지 않고 부모의 속을 썩이던 딸아이였다. 사실 그때는 불안하고 혹시 진짜로 독신주의자가 아닌가 싶어 얼마나 걱정이 되었는지 모른다. 그 걱정의 핵심은 다름이 아니다. 그냥 여자로서 사랑하는 사람을 만나 아이를 낳고 아이가 성장하는 모습을 바라보면서 엄마로서의 역할을 다해 보았으면 하는 평범한 소망이었다. 그냥 여자로서의 평범한 삶이 얼마나 큰 행복인가를 알게 해 주고 싶었던 것이다. 그게 전부였다. 그런데 사십이 되는 해 결혼을 하여 곧바로 한신이를 낳고 아이에 푹 빠져 행복해하는 모습을 보니 이제 나의 모든 소망은 완전히 해소되었다.

한신아. 지난해 네가 태어나던 날을 어찌 잊을 수가 있겠니. 그 기쁜 날에 무엇이라도 할 수가 있었으면 좋겠는데 할아버지가 할 수 있는 일이라곤 아무것도 없더구나. 그냥 좋아하는 일이 전부이더라. 다행이도 네 엄마가 너 새로운 생명의 이름을 나에게 부탁을 했으니 얼마나 고마웠는지 모른다. 나는 이미 너의 이름을 한신이로 지어두고 대학에서 명리학을 강의하는 선생님께 부탁하여 사주에 맞는 한자이름을 확정 짓는 일만 남겨둔 상태였다.

너는 2021년 신축년 8월 17일 진시에 태어났다. 명리학에 의하면 천간이 정화불이기에 예의가 바르고 정의롭단다. 생일은 오곡백과가 무르익고 영글기 시작하는 계절이라 풍요로우며, 그래서 사주에는 형제도 한 명이 더 있다고 한다. 금의 체질이라 맺고 끊음이 분명하며, 진시는 용의 기운을 가지고 있기에 남자답고 장군의 기질을 타고 났단다. 쉽게 물러서지 않으며 한 번 칼을 뽑으면 끝장을 보고야마는 용맹함도 가지고 있다. 의리도 있고 의지도 강하다. 아버지는 알뜰하고 자상하며 엄마는 용의 기운을 타고났다. 용은 반드시 하늘로 승천을 해야 한다. 그래서 한신이에게 엄마는 단순한 엄마가 아니라 교육적으로 큰 뒷바라지를 하게 될 것이며 큰 스승이기도하다. 또한 수의 기운이 조금 약하기는 하나 걱정할 정도는 아니다. 신중에 물의 기운이 들어있기 때문이다. 이름에서 물 수자를 보완할 수도 있다. 골격이 강건하고 체형이 크며 남자의 기운이 강하다. 계산능력이 뛰어나서 수리력과 경제력이 밝다. 주변에는 항시 사람이 모여들며 도와주는 사람이 많다. 전체적으로 부족함이 없으며 좋은 사주라할 수가 있다.

그렇게 너의 이름 김한신金漢信이 지어졌다. 중요한 것은 최고의 이름을 주고 싶었다. 한신은 두 가지 측면에서 착안을 했다. 하나는 지리산이고 또 하나는 중국의 명장 이름이다. 내가 젊음을 다하여 사랑한 지리산에는 수많은 명소와 아름다운 지명들이 있지만 그중에서도 으뜸은 한신계곡이라 생각했음이다. 그야말로 유토피아를 연상할 만큼의 경치와 역사를 간직한 곳이다. 그 멋진 이름을 너에게 주어 할아버지와 우리들의 이야기를 영원히 계승해 가고 싶은 희망을 꿈꾸었다. 아무리 이름이 중요하다고 해도, 그렇다고 이름이 전부일수는 없다. 너의 운명은 네가 개척해 가야 한다. 이제부터는 네 스스로 그 이름을 빛내주길 바랄 뿐이다.

앞으로 네가 살아가야 할 세상이 그렇게 만만치 않을 것이다. 지독한 바이러스로 인한 수많은 질병과 자연재해는 더욱 심해질 것이고, 양극화로 사람들은 분열과 갈등으로 피폐해질 것이다. 전자매체의 혁명적인 발달로 로봇이 인류의 두뇌를 능가할지도 모른다. 그러한 시대를 잘 준비하여 슬기롭게 헤쳐 나가야 한다. 나는 네가 무엇을 전공하고, 무슨 일을 직업으로 선택하든 조건 없이 인정하고 지지할 것이다. 다만 가장 좋아하고 잘할 수 있는 일을 했으면 좋겠다. 물질적인 가치도 중요하겠지만 정신적인 가치가 더 중요할 수 있다는 사실을 꼭 기억해주었으면 한다.

스스로 일어설 수 있는 힘을 길러야 한다. 홀로서기를 해야 한다. 남이 도와주는 것에는 반드시 한계가 온다. 지리산을 다니는 일도, 글을 쓰는 일도, 우뚝 서려면 스스로의 능력으로 일어서야만 한다. 남에게 도움을 받게 되면 그 남을 앞서갈 수는 없다. 그를 딛고 일어서지 못한다면 그의 그늘에 가려서 빛을 볼 수가 없게 된다. 적어도 한 분야에서 최고가 될 수는 없다.

결국 인간은 혼자라는 사실을 명심하고 이겨내야 한다. 한 세상사는 일이 그리 호락호락하지 않다.

주어진 시간만을 살다가는 인생이기에 이제 얼마나 더 너를 바라보며 살 수 있을지 모르겠다. 성인이 되고 삶에도 여유가 생기면 주변도 좀 살폈으면 한다. 나의 뿌리, 일가친척, 이웃들의 삶에도 관심을 가져야 한다. 약자들과 소외된 이들의 아픔까지도 돌아 볼 수 있다면 더 이상 바랄 것은 없다. 그래야 우리 사회가 갈수록 성숙하고 발전해가지 않겠나.

한신아. 아무리 불러도 자꾸만 부르고 싶구나. 할 말은 저 하늘의 별만큼이나 총총하지만 이쯤에서 접으려 한다. 이 작은 글 한 편 쓸 수 있는 것만으로도 큰 위안이구나. 나는 여기까지다. 네가 와주어서 정말 고마워. 많이많이 사랑해.

의령의 향기

설날이 다가오면 그동안 감사한 분들에게 선물을 보내기도 하고 또한 받게도 된다. 그 중에서도 특별히 기다려지는 택배 하나가 있다. 한 해도 빠지지 않고 찾아오는 그 따뜻한 정을 기다린다는 말이 옳을 것이다. 고향 의령문협 문우들이 보내 주시는 고향 쌀 한 포대다. 올해는 이런 편지 한 통도 들어 있다.

> 옥고를 보내 주서서 의령문학이 빛났습니다. 그에 비해 작지만 고향 한가운데서 문학을 사랑하는 의령문인들의 마음을 담아 선물을 보냅니다. 우리 의령농민이 청정한 마음으로 정성을 다해 땀 흘려 지은 자굴산 쌀이니 따뜻하게 밥 지어 드시고 늘 건강하시기 바랍니다.
>
> 의령문인협회 회원일동 올림.

내용 그대로다. 출향 문인에게 원고료를 대신하여 고향의 쌀을 보내신 것이다. 가슴이 찡할 정도로 감동이다. 어머니의 품속 같은 따스함과 향수가 그대로 전해진다. 내가 쓴 글 한 편이 이만한 가치가 있는가 싶어 미안하고 부끄러운 마음에 얼굴이 화끈거리기도 한다. 이 쌀이 오기까지 얼마나 힘겨운 과정과 노력이 배어 있는가 싶어 감정이 북받친다.

설날 아침에는 이 쌀로 밥을 지어 조상님께 차례를 지내고 식구들이 둘러 앉아 식사를 하며 고향에 대한 덕담으로 꽃을 피운다. 나는 비로소 가족들에게 문인으로서의 체면을 세우게 된다.

우리나라는 아직도 다른 분야에 비해 문화계의 인프라가 매우 부족한 편이다. 문예지나 문학단체의 국가적인 예산도 열악하다. 문인들이 글을 발표하고도 제대로 된 원고료를 받기는 어려운 실정이다. 이러한 현실에서 지역문학단체에서 원고료로 쌀 한 포대를 보내주는 일은 고향 문인들의 자존감을 높여 주는 대단한 배려다. 누군가의 특별한 사명감과 희생이 없이는 불가한 일이다. 의령 문우들의 넓은 품과 철학적 소신이 선명하고 고맙기만 하다. 내가 보답할 수 있는 일이라고는 좋은 작품을 보내는 것이다. 그리하여 나는 내가 가장 아끼는 작품을 의령문학에 발표한다.

회원 30여명의 의령문협은 자신들의 문학적 성장을 위한 활동은 물론이지만 지역민의 정서 함양을 위해서도 많은 일을 한다. 문학토론, 문학기행, 시낭송, 시화전, 청소년백일장, 초청특강, 동인지 발간 등 연중 내내 일정이 꽉 짜여 있을 정도다.

그 중에서도 2009년에 천강문학상을 제정하여 주관하는 일이 무엇보다 자랑스럽다. 임진왜란 당시 전국 최초로 의병을 일으켜 나라를 구한 곽재우 장군의 숭고한 뜻을 기리기 위하여 제정된 전국적으로 주목받는 문학공모전이다. 시, 시조, 소설, 아동문학, 수필 등 5개 분야에 전 국민을 대상으로 작품을 모집한다. 불공정한 문학상이 난무하는 현실에서 이 상은 모든 국민들이 받고 싶어 하는 상으로 자리매김하게 되었다. 인물의 고장 청정 의령의 가치가 세상에 널리 알려지는 계기가 되었다고 해도 과언이 아니다.

의령은 지리적으로 낙동강과 남강이 합류하는 경남의 중부 내륙에 위치한다. 서북부의 자굴산을 진산으로 동북부 쪽으로 한우산, 국사봉, 천황산, 미타산까지 명산들이 도열하듯 이어져 마치 병풍처럼 둘러쳐져 있다. 북쪽 산간지대에는 분지가 발달하고 남쪽은 비옥한 토지가 평야를 이루어 천혜의 자연환경을 자랑한다. 인구 3만 명에도 미치지 못하는 작은 지자체에 불과하지만 모든 면에서 어느 이름 높은 고장에 견주어도 뒤지지 않는다. 유명산 외에도 역사적 문화유산, 인물, 먹거리까지 수많은 자랑거리가 이루 헤아릴 수 없을 정도다.

궁유면에 있는 일붕사는 세계 최대의 동굴법당으로 영국의 기네스북에 등재되어 있을 정도다. 서기 727년 신라 혜초 스님이 창건한 성덕암이 그 전신이다. 봉황대의 석굴을 중심으로 세워진 일붕사는 1천 3백여 년 전에 나당연합군이 백제를 침공할 때 최고의 격전지였다. 당시 왕군이 이 지역의 수많은 영령을 위로하기 위하여 사찰을 건립한 것이다. 이후 역사적 질곡 속에서 우여곡절의 부침을 하며 오늘에 이르렀다. 현재의 모습은 1986년 일붕 서경보 스님으로부터 비롯되었다. 주변의 경관 또한 빼어나며 최대의 역사유적지로서 손색이 없다.

미타산은 의령군 부림면과 합천군 적중면을 접하며, 신라의 고찰 유학사를 품고 있다. 9부 능선에는 삼국시대 축성된 2km에 이르는 미타산성이 있는데 신라, 가야, 백제의 각축장과 요충지였다는 사실을 알게 해준다. 이곳에서 김유신 장군이 백제군과 맞서 싸웠다는 『삼국사기』의 기록은 참으로 마음 설레게 한다. 이 얼마나 유서 깊은 곳인가.

의령은 의병장 곽재우, 독립운동가 안희제, 삼성그룹의 창업자 이병철 같은 걸출한 인재를 배출한 인물의 고장이기도 하다. 이분들의 생가도 잘 보존되어 관광객을 맞이하고 있다. 먹거리 역시 풍부하다. 소고기국밥, 망개떡, 의령소바는 의령을 대표하는 음식이다. 이 음식을 맛보기 위하여 전국에서 사람들이 모여든다. 읍내의 식당 앞에 긴 줄이 서져 있는 모습은 이제 낯익은 풍경이 되었다.

나는 매년 11월 첫 주에 진등재문학제를 고향 머릿골에서 개최한다. 아직은 모든 문인들에게 개방할 여건이 못 되어 조촐하게 행사를 치루지만 의령문협의 문우들만은 잊지 않고 초대하여 함께 우의를 나눈다. 고향에 대한 작은 사랑의 표현이다. 이런 아름다운 고향을 가진 것이 정말 행운이다. 대대손손 할아버지 할머니도 모두 고향의 선산에 잠들어 계신다. 나 역시 고향땅 의령에 묻힐 것이다.

의령문학이 25호를 넘어 100호까지, 아니 그 이상으로 영원히 발전하고 이어지기를 소망해 본다.

선생님이 서야 한다

나라가 어수선하다. 정치권은 물론 국민들까지 진영논리로 나누어져 주말이면 대규모 시위를 벌이며 세를 과시해 댄다. 이러다가 그동안 이루어 놓은 모든 것이 무너져 내리는 것은 아닌가 하는 불안감이 밀려올 정도다. 그래도 깊어가는 겨울만큼 머지않아 봄도 올 것이라는 희망은 결코 포기하고 싶지 않다.

올해 상반기 명예퇴직을 신청한 교원이 6,039명으로 지난해 명퇴자 숫자를 훨씬 넘어섰다는 소식이다. 지금까지는 교단이 전문직이고 안정적인 직장으로 여겨져 왔지만 급속한 교육환경의 변화로 교권 추락이 가장 큰 원인으로 지목되고 있다. 명퇴 신청자는 연금법 개정 논의가 진행되던 2015년에 정점을 찍은 뒤 감소 추세를 보이다가 다시 폭발적인 증가세로 돌아섰다고 한다.

교사는 다른 직종에 비해 승진체계가 분명하지도 않으며, 20대 신임 교사나 50대 중반을 넘어선 교사 간에 업무 차이가 있는 것도 아니다. 그러다 보니 원로교사들은 체력이나 심리적으로 힘들 수밖에 없다. 학부모와 학생들의 의식변화를 따라

가는 데도 많은 부담을 느낄 것이다. 오늘날 교실 내부는 하루하루가 전투 같은 현장이며, 녹록치 않은 제반 현실이 교사들로 하여금 명퇴의 길로 내몰고 있어 안타깝다. 교사가 떠나가는 교실에서 교육의 희망을 찾을 수는 없으리라.

정권교체 때마다 빠짐없이 들고 나온 것이 있다면 교육개혁이다. 교육이 백년대계라는 말은 너무나 보편적인 사실인데 정권이나, 장관이 교체될 때마다 교육을 개혁해야 한다면서 각종 제도를 바꿔대니 도대체 교육은 몇 년 대계인지 혼란스럽다. 교육개혁에는 대학입시 제도의 획기적 전환, 교육재정 확충 등 이루 열거할 수 없을 정도로 많은 정책이 있겠지만 그 핵심은 교사의 기를 살려주는 일이 되어야 한다고 생각한다.

얼마 전에는 수업 중 잠을 자는 학생을 깨운 중학교 여교사가 폭행을 당해 코뼈가 부러졌다는 소식이 우리 사회를 경악시켰다. 학생이 교사를 구타하는 사건은 빈번하고, 학부모가 학교에 찾아와 교사의 머리채를 잡는 일은 신문의 사회면에서도 취급하지 않을 정도다. 교육현장의 문제점들은 쌓이고 깊어져 교단은 황폐화의 길로 치 달았고 급기야 기본적인 교권마저 무너지고 말았다. 그 과정에서 교사들이 남몰래 흘렸을 눈물과 한숨의 무게 또한 얼마나 무거웠을까 싶어 마음 아프다.

시대가 아무리 변하고 하늘이 무너져도 교육의 주체는 현장의 교사다. 교사를 배제한 그 어떤 교육 이론도, 철학도, 논리도, 개혁도, 상부 기관도, 성립될 수 없다. 교육에서 상부 기관이라는 것은 일선 교사들의 필요한 점을 도와서 불편한 점을 해소하고, 사기를 북돋아 주고, 소신껏 교육 활동을 할 수 있도록 해주기 위해 존재하는 것이 아닌가. 그렇다면 지금 그런 역할을 잘하고 있을까.

오히려 교육부는 교육청에 지시하고 교육청은 다시 일선 학교에 하달하는 현실이라면 권위주의 시절과 무엇이 다를 것인가. 교사의 사기는커녕 온통 기만 꺾어 놓는다면 냉소적이고 배타성으로 복지부동하지 않겠는가. 교육개혁의 핵심은 교사가 교육을 천직으로 알고 소명의식을 가지고 즐겁게 학생 교육에 전념할 수 있게 하는 것이며 그들의 자존심을 지켜주는 일이다. 그 어떠한 교육이론과 내용도 교사를 통해서 아이들에게 접목된다는 사실을 간과해서는 안 된다.

복수 교원단체는 다분히 정치적 소산이다. 교사들이 자신의 이익을 위해 여러 단체의 노조가 결성되고, 노조별로 다른 목소리를 낸다면 이것을 학생들이 어떻게 받아들일 것인가. 이럴 경우 교사 상호 간의 분열과 대립은 불을 보듯 뻔한 일이다. 최근 서울의 한 고교 학생들은 수업 중 이념적 편향 발언을 한 정치교사와 교육감의 사퇴를 주장하며 삭발투쟁에 나섰다고 한다. 매시간 들어오는 교사마다 다른 이념을, 다른 시각으로, 다르게 이야기함으로써 이런 결과를 가져온 것이다. 어린 학생들은 교사의 가르침을 통해서 느끼고, 배우고, 생각하고, 행동화하는 것이기에 이미 예견된 일이다.

교육만은 정치적 중립을 지킬 수 있도록 제도적 법적 장치가 마련되어야 한다. 이것은 교권을 지키기 위한 절대적인 필요조건이다. 아무리 정권이 바뀌고 시대가 흐를지라도 교육은 정권과 시대에 편승해서는 안 된다. 교권은 교사들의 권위를 위해서도 필요하지만 미성년자인 학생들의 학습권을 보호하기 위해서 더 중요한 문제다. 학생들은 우리의 미래이자 희망이다.

부존자원이 없는 나라에서 교육이 없었더라면 지금 이 정도 개인 생활의 안락과 편리함이 가능했을까. 눈부신 경제발전과 민주주의가 여기까지 왔겠는가. 최첨단 과학기술과 정보통신의 발달이 가능했을까. 그 교육이 지금 무너지고 있다. 교육의 주체인 교사를 일으켜 세워야 한다. 교육은 교사의 질을 넘어설 수 없다는 말은 결코 빈말이 아니다.

예나 지금이나, 동서양을 막론하고, 위대한 스승 아래서 인류 역사의 축을 바꾼 위대한 인물이 나왔고, 그런 인물이 이끌어 가는 사회는 흥하고 강해진다는 논리는 진리다. 그럼에도 교사를 개혁의 대상으로 내몰고, 교육을 경제의 논리로 해결하려 하면서 교단까지 정치화된다면 나라의 미래는 어두울 수밖에 없다.

교권은 반드시 회복되어야 한다. 교사들의 경제적 지위를 충분히 향상시켜 주지 못한다 하더라도 정신적인 위엄과 권위는 되찾아 주어야 한다. 소명의식 하나로 신바람 나게 근무할 수 있는 여건을 만들어야 한다. 그것이 교육을 살리는 첩경이라 믿는다. 선생님들 스스로도 힘을 내어 이 난관을 극복해 주었으면 좋겠다.

교사가 자신감 있게 서야 한다. 교사는 내 아이와 우리 민족의 미래를 이끌어갈 이 땅의 위대한 스승이기 때문이다.

나는 왜 쓰는가

왜 써야 하는가. 왜 쓰지 않으면 안 되는가. 나는 글을 쓰지 않고서는 생활 자체가 불가능하다. 업무는 물론 매일 접하는 인터넷사이트의 카페, 블로그, 페이스북 등의 소통 도구가 모두 글쓰기와 연결되어 있다. 한시도 떠나서 살 수가 없는 스마트폰의 카카오톡이나 문자전송까지도 번득이는 기지와 유머가 필요한 시대다. 이왕 쓰는 글, 잘 쓰고, 상대에게 감동을 주고, 나의 의지대로 상대를 설득할 수 있다면 금상첨화다. 글을 써야 하는 이유는 참으로 많다.

무엇보다도 내 삶의 기록이다. 역사는 기록함으로써 이루어진다. 아무리 중요한 사건이 존재했다 할지라도 기록되지 않는다면 그것 자체가 시간 속에서 흔적도 없이 사라지고 만다. 내 인생의 소중한 삶은 기록함으로써 비로소 존재할 수 있다는 말이다. 국가도, 민족도, 그 어떤 존재도 예외가 될 수는 없다. 살아오면서 아프고 슬펐던 일, 즐겁고 기뻤던 순간들, 삶을 담보로 한 선택의 순간들, 사랑했던 일 등의 아름다운 이야기들을 기록하여 유산으로 남겨주고 싶다. 힘겹게 일하여 경제적으로 많은 것을 물려주는 것도 중요한 일이겠지만 부모의 정신적인 삶의 모습을 남겨주는 것이 자식들에게 더 중요하지 않을까. 내 삶의 기록을 책으로 묶어서 세상에 전할 수 있다면 빗돌에 새겨두는 이상의 효과로 남게 될 것임을 믿는다.

글을 쓰는 일은 상처를 치유하는 일이다. 산다는 것은 어쩌면 상처를 이겨내는 일인지도 모른다. 그동안 살아오면서 가족으로부터, 친구로부터, 사회로부터 수많은 상처를 받아온 것이 사실이다. 이것은 그 누구도 피해 갈 수 없는 숙명 같은 일이다. 사람에 따라서 잘 적응해 강도를 약화시킬 수는 있겠지만 근본적으로 소멸시킬 수는 없다고 본다. 그 상처로 인하여 생명을 단축시킬 수도 있다. 우리나라는 자살률이 유달리 높다. 필부로부터 스타, 사회 지도층까지 계층을 초월해서 스스로 목숨을 끊는 사람이 많다. 그만큼 살기가 어렵다는 반증이 아니겠는가. 아무런 상처도 없이 행복하게 살아갈 수 있다면 이런 일은 결코 일어나지 않으리라. 그 상처로부터의 치유는 글을 쓰면서 화해하는 방법이 단연 으뜸이라 생각한다. 글쓰기를 통하여 그 상처를 녹여내는 일이다. 그렇게 용서하며 함께 살아가야만 하는 것이 삶이 아니겠는가.

결핍을 보상하기 위해서 글을 쓴다. 그 누구라도 모든 것을 다 가질 수는 없다. 만약 세상을 다 가진 사람이라면 그는 절대로 글을 쓸 수도, 쓸 이유도 없다. 세상에서 돈, 명예, 건강, 사랑, 그 전부를 다 가진 이가 있을까. 보통사람으로서는 불가능하다. 자기가 원하는 만큼의 물질과 재력, 바라는 만큼의 지위와 명예, 만족할 만한 건강과 외모, 이상적인 사랑의 성취를 모두 이루기란 쉽지 않을 것이다. 어쩌면 신이 원초적으로 불가하도록 창조했을 것이다. 그 하나에 대한 결핍, 그것을 메꿀 수 있는 길은 문학작품의 창작에서 찾을 수가 있으리라. 나는 나의 작품 속에서 때로는 부자도 되고, 황제도 되고, 사랑의 주인공도 되어본다. 내가 이루지 못했던 그 어떠한 꿈도 이루어내며 결핍을 채운다. 이보다 더 통쾌한 자기만족이 어디 있을까 싶다. 각자 결핍의 대상이 문학적 뿌리를 이루게 됨은 어쩔 수 없는 보편적인 현상일 것이다.

글쓰기는 백세시대를 대비하는 일이기도 하다. 백세시대 이전과 백세시대는 전혀 다른 개념이다. 가령 성공의 개념을 평가한다면 백세시대 이전에는 사회적인 지위의 높낮이를 주로 따져왔다. 백세시대는 사회적인 지위가 중요하지 않다. 은퇴시기를 60으로 본다면 그 이후의 30년을 어떻게 보낼 것인가로 평가될 것이다. 은퇴 이후 30년의 행, 불행에 따라 인생의 성공 여부가 달려 있다는 의미다. 은퇴 이전에는 누구라도 직장생활에만 전념하게 된다. 그러다 갑자기 맞이하게 되는 은퇴 후는 황당하고 막막하다. 나머지 30년도 외롭지 않고 즐겁게 보낼 준비가 되어야 한다. 그래야 성공한 인생이라 할 수 있다.

그 대안이 문학의 꿈 등 젊은 날의 꿈을 실현해보고자 노력하는 과정이라고 본다. 새로운 삶을 가보는 일이다. 사실 우리들의 대부분은 학창 시절에 한두 번 정도는 문학에 대한 꿈을 꾸었으리라. 하지만 삶이라는 엄중한 현실 앞에서 꿈을 접을 수밖에 없었고 자식에게 매달리며 정신없이 살아오면서 은퇴를 맞이하게 된다. 이제부터 그 꿈을 꽃피울 때다. 결코 늦었다고 생각하지 않는다. 그러한 자부심으로 남은 시간에 대한 위안과 살아갈 수 있는 동력을 확보해야 한다. 이 같은 정신적인 활동이야말로 백세시대에 꼭 맞는 선택이다.

문학을 통해서 도반과의 만남이 이루어진다. 같은 취미와 뜻을 가진 벗을 만나기란 쉽지 않다. 평생을 근무한 직장에서도 도반을 만나기란 어려운 일이 아니던가. 평생교육이 보편화된 요즘은 어느 교실이든 같은 성향과 같은 길을 가는 사람들이 함께 모인다. 문학 교실에는 문학의 꿈을 가진 이들이 모인다. 한꺼번에 같은 인자를 가진 많은 벗들을 만나는 일은 횡재를 하는 일이 아닌가.

이 모든 것이 글을 씀으로써 가능한 일이다. 하고 싶은 일을 하며 남은 인생길을 간다는 것은 아름답고 행복한 뽐힘이다. 내가 글을 쓰지 않으면 안 되는 이유다.

내 인생의 굿 한 판

어렵게 결단한 출판기념회를 성황리에 잘 마쳤다. 함께해 주신 모든 분들이 진실로 고맙고 감사하다.

사람을 모은다는 것은 예삿일이 아니다. 결혼식이나 장례식의 경우는 어쩔 수 없는 관례라 해도 출판식 같은 특수한 경우는 또 다른 문제다. 그래서 공식적인 출판기념은 생애 단 한번뿐이라는 나름대로의 고집을 가지고 있다.

나는 이미 15년 전에 첫 작품집 『지리산 황금능선의 봄』 출판기념회를 한 적이 있다. 이번이 두 번째이기 때문에 무척이나 망설이고 고민을 한 것이다. 그럼에도 불구하고 기념식을 선택할 수밖에 없었던 데는 그만한 이유가 있다.

2024년 7월 6일은 꼭 70년째를 맞이하는 나의 생일이다. 칠순을 조용히 넘기려 했지만 나의 의지대로 되지는 않았다. 여기서 한모임을 하고 나면 하지 못한 모임이 생각나고, 더불어 다른 여러 모임들이 마음에 걸리는 것이었다.

올해로 등단 20년째를 맞이한다. 그동안 이루어낸 문학적 성과야 내가 논할 바가 아니라 해도, 여섯 번째 책이자 첫 평론집 『백남오의 수필쓰기와 비평』이 《수필과 비평》사에서 때맞

추어 나오게 된 것이다. 나름대로 문학 활동을 해오면서 여러 문학단체에 소속되어 역할을 해온 점도 있지만, 내가 직접 가르친 제자들이 수 십 명을 넘어서고 있는 것은 사실이다. 작품집이 나오면 문인들은 서로를 축하 격려해 주는 자리를 만드는 것이 오랜 관습이기도 하다.

또 있다. 누구에게나 책이 나오면 말 못할 걱정거리가 있는데, 발송문제다. 책을 부쳐줄 사람의 범위를 정하는 일, 자필 사인을 하고 주소를 체크하는 일, 할 일이 한두 가지가 아니다. 첫 작품집을 출간한 신입 작가에게는 그 모두가 대견하고 즐거워서 휘파람을 불며 세상 모든 지인들에게 홍보하고 싶겠지만 작가마다 입장이 다를 수밖에 없다. 분명 첫 책을 낼 때와는 다른 감정을 가지게 됨은 인지상정이다.

그 모두를 한꺼번에 해결할 수 있는 방법을 생각하지 않을 수가 없었다. 그 회심의 한수가 출판기념식이라는 결론에 이른 것이다. 사실은 이런 형식적인 의미 외도 분명 더 중요한 그 무엇이 있음이다. 내 마음 깊은 곳에는 또 다른 욕망이 꿈틀거렸음이 분명하다.

내 인생에 마지막 굿 한판 벌이고 싶었다. 나를 응원하고 좋아하는 사람들을 위하여, 이루지 못한 나의 꿈을 위하여, 명분도 없이 시기 질투를 일삼는 외로운 군상들을 위하여, 주위를 맴도는 잡귀와 악령의 물리침을 위하여. 그 모두를 한데 버무려 거대한 용광로 속에 녹여내고 싶었다. 그것이 진혼굿이든 씻김굿이든 이름에 연연할 바는 아니다. 그렇게 70년 인생을 냉정하게 점검하고 싶었다. 아니, 남은 시간이 얼마일지는 모르지만 그 시간까지 모두 합해서 출판기념회란 이름을 빌려

한바탕 질펀한 굿판을 벌이고자 했는지 모를 일이다. 그리하여 모든 삼재팔난으로부터 벗어나고 싶었다. 이제부터라도 거침없이 훨훨 날아다니고 싶다.

그럼에도 사람을 모은다는 것은 크고도 큰일이다. 장마철의 변덕스러운 날씨도 걱정이지만, 저 멀리서 오시는 분들의 교통편도, 머무는 시간도 일일이 점검해야한다. 원로하신 분들의 이동경로도 촘촘하게 챙겨야한다. 아주 작은 안전사고 하나라도 일어나서는 안 된다.

정말 많은 분들이 오셨다. 서울에서 최동호 교수님, 에세이스트 김종완 발행인과 배영숙 회장님, 부산의 조광현 원장님과 천년약속 작가님, 배대균 원로 수필가를 비롯한 우리 지역의 문인들, 손순미 시인과 여고 제자들, 대학 시절 선후배, 지리산 친구들, 나의 가족과 형제, 행사를 주관한 진등재문학회와 합천수필문학회 선생님. 지정숙 작가는 멀리 포천에서 날아오셨다. 모두 2백 여 명의 귀하신 분들이 자리를 꽉 메웠다. 한 인간의 굿 한판 벌이기에는 충분한 인원이다. 아니, 과분할 정도다. 식순에 따라 의식이 진행된다.

모교 명예교수인 김정대 형은 회고사에서 50년 전 내가 형에게 보낸 엽서와 편지의 원본을 영상으로 공개하며 좌중을 감동시켰다. 형은 모두 다섯 통의 편지를 제시했는데, 대학 신입생 첫 여름방학 때 머릿골에서 보낸 엽서와 군 시절과 제대 직후에 보낸 것이었다. 편지의 내용에 있는 "더욱더 노력해야죠, 만인을 능가해야죠. 총구를 떠난 총알은 어느 지점에 맞아도 맞게 마련이다. 왠지 불안하고 초조한 대학의 마지막 방학. 어떻게 사는 것이 행복하게 살 수 있는 길인지, 어떤 길을 걸어야 훗날 잘 택한 길인지 아무래도 인간은 욕망을 모두 채우고도 욕망을 고정시킨다는 것은 매우 어렵고 힘든 일. 결코 허황되지 않은 높은 꿈을 꾸어야겠다." 등의 구절을 다시 소환해냈다. 일 년 후배의 편지를 50년이나 간직한 형의 우정에 뭉클한 전율이 온몸으로 퍼져나갔다. 그 젊은 날의 아린 추억이 칠십 인생의 내면을 휘감고 있음에도 놀랐다.

이어서 김정인 선생의 장중한 색소폰 소리가 실내를 압도한다. 프랭크 시나트라의 「마이웨이」가 울려 퍼진다. "자, 이제 끝이 가까워졌어. 내 삶의 마지막 장을 맞이하고 있어. 나는 충만한 삶을 살았고 모두 성실하게 해냈어"의 가사는 고단했던 내 삶의 여정을 차분히 읊조리는 듯 했다. 김윤정 작가는 「나의 스승님」이란 글에서 이런 글을 조곤조곤 읽어 내려간다.

선생님을 만나 나의 운명은 바뀌었다. 선생님의 눈빛과 말투로 인해 나를 두렵게 했던 과거는 이제 없다. 따뜻한 격려와 지지가 있다. 나는 더 이상 과거의 상처에 얽매이지 않고 미래를 향해 글을 써 내려간다. 비단 나만의 사연뿐이겠는가. 그 많은 제자 누구 한 사람도 예외 없이 선생님을 바라보며 성장하고 있을 터이다.

식이 절정으로 치 달을 쯤, 그냥 눈물이 핑 돌았다. 나는 문학이라는 굴레를 생각하며 저자 인사를 했다.

오늘 이 자리에는 제가 사랑하는 분들 모두 다 모였습니다. 저는 그동안 문학으로, 수필로 행복했습니다. 문학이란 거대하게 구르는 수레바퀴 같은 것이어서 자칫 무능하거나 게으름을 피우면 그 밑에 깔려 죽을 수도 있다는 절박한 위기감을 느꼈습니다. 그 문학이라는 수레바퀴에 깔려죽지 않기 위해서 저의 모든 힘을 다했다는 사실을 고백합니다. 이제 남은 세월은 더 내려놓고, 더 봉사하고, 더 사랑하겠습니다. 여기 계신 모든 한분 한분에게 거듭 고마운 마음을 전하며 행복과 희망이 함께 하시길 기원합니다.

그렇게, 내 인생의 잔치는 막을 내렸다. 남을 사람은 남고 떠날 사람은 떠날 것이다. 나는 그냥 자유롭게 순리에 순응할 뿐이다. 두려운 것은 없다.

2부 그리워서 떠난 길

광주행

　광주행 고속버스에 몸을 실었다. 참 많이도 설레는 한여름 날의 아침이다. 세 시간 후에 도착할 그곳에는 호남에서 잔뼈가 굵은 중견 수필가와 평론가가 기다리고 있다는 사실이 꿈만 같다. 나는 그분들을 만나 무등산을 오르고 문학으로 우의를 나누기 위해 1박 2일 간의 여행길에 나선 것이다.

　차창 밖으로 스쳐 지나가는 짙푸른 풍경들을 뒤로하며 아름답고 오묘한 인연이란 단어를 생각하며 상념에 젖는다. 안규수 수필가는 작가와 독자의 만남으로 시작되었지만 지금은 내가 형님으로 모시는 사이로 발전되었다. 그 사연이 각별하여 잠깐 일별해 보지 않을 수가 없다.

　나의 첫 작품집 『지리산 황금능선의 봄』과 두 번째 수필집 『지리산 빗점골의 가을』이 나왔을 때, 그 책을 읽고 큰 감명을 받아 두 권 모두 필사를 한 것도 모자라 작품집 속의 코스를 따라서 직접 산행까지 하셨다고 들었다. 나는 놀라움과 감동으로 문학의 힘을 생각하는 특별한 계기가 될 수밖에 없었다. 그런 사연을 가지고 서울의 한 문학 행사장에서 처음 만났을 때는 이미 구면 이상의 친밀함이 묻어났음은 당연한 일이다.

전남 순천에서 살고 있으며 나보다 일곱 살 위인 그분에게 내가 드릴 수 있는 최고의 예우는 경상도식으로 형님으로 모시는 일이라 생각했다. 그리하여 그날 첫 만남에서 이렇게 청을 드렸다.

"선생님, 지금부터는 나의 형님으로 모시고 싶습니다. 저의 뜻을 거절하지 마시고 받아주십시오, 형님."

당연히 처음에는 그럴 수 없는 일이라고 손을 내 저으셨다. 그런 어려운 승낙 끝에 형님 아우의 연을 맺게 되었음이다. 이는 결코 일시적인 감정이 아니다. 무엇보다 그 연세에도 불구하고 세파에 전혀 물들지 아니하고 자연 그대로의 의연함과 순수함을 간직하고 있다는 점이다. 나는 그런 사람을 진실로 보지 못했다. 그야말로 참되고 정의로운 영혼을 실로 오랜만에 만날 수 있었다. 사실은 그가 나의 작품에 감동을 받았다고는 하나 내가 더 감동했음이 솔직한 심정이다.

자기만이 최고인 시대, 너는 없고 나만 존재하는 시대, 결코 타인의 능력이나 노력 정도는 아무것도 아닌 메마른 시대. 때로는 선명하고 구체적인 결과물이 있음에도 공정한 평가는커녕 편파적인 시각과 냉소로 지나치려는 이기적인 현실에서 형님은 이미 범속의 경지를 뛰어넘고 있음을 단박에 알아차릴 수가 있었다. 당시 《에세이스트》 전라지회장으로서 왕성한 문학 활동을 하고 있었을 뿐만 아니라 독서 동아리 두 개를 이끌고 있을 정도의 지도자셨다. 그의 수필 「대꽃 피는 마을」은 우리시대 좋은 수필로 회자 될 만큼 사유와 감수성이 빼어난 작가였음도 그 이후에 모두 알게 되었다. 나는 경상도 땅 첩첩산골인 내 고향 의령 머릿골에서 진행된 '진등재문학제'에 형님을 초대하였으며, 형님 역시 전라지회 문학 행사에 나를 불러 서로 왕래하고 있다.

또 한 분은 김향남 평론가다. 나의 네 번째 졸저『지리산 종석대의 종소리』가 수필전문지《에세이스트》9월 호에 '화제의 신간'이란 특집으로 다뤄지게 되었는데, 그 평설을 광주에 사는 김 평론가가 맡게 되었음이다. 올봄에『수필의 이야기 방식』이란 첫 평론집을 내어 신예 평론가로 주목받고 있으며 대학에서 국문학을 강의하고 있는 교수님이기도 하다. 이렇게 뜨거운 날 일면식도 없는 무명작가의 작품집을 읽고 논평을 쓴다는 일은 많이 부담스럽고 고역스러울 것이다. 편하게 거절할수도 있으련만 받아들임은 나로서는 백 번 설레는 일이 아닌가. 한 번 만나서 짧은 대화 몇 마디라도 나누는 것이 도리라고 생각됨은 인지상정이지 싶다. 평론가와 작가는 함께 묶여 문학적 평가를 받는 일도 있다고 본다면 예사로운 만남은 아닐 테다.

터미널에 내리는 대로 오늘 밤 묵을 신양호텔 중식당으로 이동을 한다. 그곳에는 전라지회 조성자 회장과 박석구 수필가도 오서 반갑게 맞아주신다. 이분들은 무등산의 자양분으로 성장한 수필계의 보화들이다. 삼복염천에다 백 년만의 폭염으로 산행은 다음으로 미루며 가까이서 무등산을 대할 수 있는 전망대인 원효사로 안내를 한다.

산은 이 낯선 경상도 사내를 뜨겁게 품어준다. 무등산 아래서 함께 정상을 바라보며 어울리는 것만으로도 얼마나 아름다운 모습인가 싶다. 파란 하늘 밑으로 펼쳐지는 유려한 능선과 짙푸른 산록은 호남의 지존으로 당당하다. 모두를 넉넉하게 안아 다독여 줄 기상이 늠름하고 평화롭게 퍼져나간다. 원효사를 떠난 우리들은 명옥헌의 배롱나무, 가사문학의 성지 식영정을 둘러본 후 저녁에는 광주 시내 역사의 현장 금남로에서 술 한 잔 나누며 문학에 대한 열정을 불태웠다.

김 평론가는 「백남오론」의 초고를 보여 주었다. 80매가 넘는 두툼한 원고에서 정성과 신뢰감이 묻어났다. 수려한 필치, 해박한 이론으로 무장된 카리스마, 문학작품을 바라보는 균형 잡힌 안목까지 예리하고 출중한 평론가라는 사실이 읽혀졌다. 특별히 자연과 사람과 문학이 하나로 어우러진 화락和樂의 공간이야말로 화자가 찾는 유토피아라는 명쾌하고 정밀한 분석력은 압권이었다. 사실 그동안 나도 나의 유토피아의 실체를 선명하게 정리하지 못했음을 고백하지 않을 수가 없다. 그런 면에서 수필평론이 얼마나 중요한지를 보여 주는 결정적인 대목이기도 하다. 정말이지 수만 겁 쌓아온 인연의 기운이 가슴 깊이 전해져 왔다. 이런 넉넉한 멍석을 깔아준 에세이스트도 심중에 들어앉았음은 물론이다.

다음날 오후, 일정을 마치는 대로 마산행 버스에 오를 때의 감회란 벅참 그 자체다. 아쉬움도 설렘도 그 모든 것도 텅 빈 마음속에 가득 채워간다. 이 꽉 찬 행복감을 세상의 현실적인 무수한 욕망 같은 것들과 바꿀 수 있겠는가. 지상에 있는 그 어떤 물질과는 나는 바꾸지 않으리라. 오직 문학의 인연으로 이루어진 가득함이여.

해인사 홍제암에서

합천을 오르내리며 문학 강의를 한 지도 수년이란 세월이 다 되었다. 인연이란 것이 얼마나 끈질긴 것인지는 체험으로도 잘 알고 있지만 합천과의 연은 더욱 특별하고 애틋하다.

딱 한 학기 특강만 하고 그만둔다고 생각한 것이 여기까지 오고 말았으니 말이다. 앞으로 강의가 얼마나 더 이어질지는 예측할 수가 없다. 아마도 한 10년 정도는 하지 않을까 싶다. 그것이 온몸으로 느껴지는 것은 나의 본향이어서도 그럴 것이다. 시간이 갈수록 사람에 대한 정이 두터워지고 간절해진다. 합천에는 내 마음을 사로잡는 멋진 분들이 너무 많다.

면장을 지낸 김의섭 아우도 감성적이고 문학에 대한 열정이 뜨겁지만 칠순이 넘은 형님들은 그 이상이다. 농사를 짓는 윤강석 회장은 소년 같은 순수함과 선한 웃음이 매력이다. 공직에서 정년하고 논설위원으로 활동하는 이호석 선생은 단정한 외모에 규범적인 사유가 좋다. 시 쓰기를 좋아하는 윤차원 이장은 소탈함과 인간적인 봉사 정신이 감동을 준다. 국립공원에서 평생을 근무한 이헌경 형님은 청년 같은 동안인데 고향에 대한 남다른 사랑으로 의욕을 불태운다. 시조창에 푹 빠져 새로운 황금기를 누리는 임장섭 전 교육장은 그 특유의 개성이 마음을 잡는다. 경북 영양이 친정인 이동실 선생은 합천사람보다 더 합천사람이 되어 있다. 여성스러운 섬세함으로 문우들을 살피는 따뜻함은 모두의 심성을 하나로 녹여낸다. 합천 수필교실의 문우들은 그야말로 환상의 조합이라 할 만하다.

나는 이분들을 지켜보면서 사람이 자연을 그대로 닮는다는 것을 실감한다. 순박하고 진정 어린 마음씨가 묻어남은 결코 저절로 된 것은 아닐 것이다. 첩첩이 쌓인 산 여울 사이로 황강이 흐르는, 수려하고 비옥한 자연환경이 이분들 심성의 넉넉한 자양분이었을 것이다. 혈육같이 따스한 정을 느낄 때도 많다. 내가 가르치는 것이 아니라 훨씬 더 많은 것을 배우고 깨달음을 얻는다는 말이 옳다.

고운 단풍이 마지막 아름다움을 놓치지 않으려고 안간힘을 쏟는 11월 중순, 우리는 해인사 홍제암으로 야외수업을 가기로 했다. 해인사 가는 일도 쉽지 않은데, 홍제암은 일반인이 접근할 수도 없는 성역 같은 곳이다. 한때 가야산 관리소장을 지낸 이헌경 형님의 옛정 덕분으로 이런 기회를 얻게 되었다.

평소 공부 장소인 합천도서관에 모인 20명은 넉 대의 승용차에 나누어 타고 해인사로 출발한다. 나이는 모두 잊은 채 차 안에는 소년 소녀 같은 설렘만 가득하다. 한 시간 이상을 달려 몇 개의 차단벽을 자유롭게 통과한 후 홍제암 마당에 도착한다. 이 황홀한 특권을 누리는 우쭐함은 오늘 함께하는 모든 분들이 느끼는 기분이리라. 오랜 세월 그곳을 지켜 오신 종성 노스님께서 반갑게 맞아 주시며 요사채로 안내한다.

훈훈함이 느껴지는 방안은 우리가 둘러앉고도 남을 만큼 넓고 여유롭다. 오늘 공부방으로 쓰려고 스님께서 장작 두 짐이나 불을 피워 준비를 하셨다니 감동이 전해진다. 세수 80을 넘기신 스님께서는 한때 해인사 살림 전체를 맡으실 만큼 용맹한 분이셨지만 오늘은 객지에서 온 자식을 맞이하는 아버지의 자애로움이 묻어난다. 두 시간의 수필 공부를 마치고 식당으로 안내되어 모처럼 맞이하는 절밥을 배불리 먹는다. 시장기 때문이기도 하겠지만 이 이상의 진수성찬은 세상 어디에도 없을 성싶다. 식후에는 자연스럽게 주변 경관을 둘러보는 순서가 된다.

홍제암은 임진왜란 때 승병장으로 큰 공을 세운 사명대사 유정이 수도하다 입적한 유서 깊은 곳이다. 홍제암이라는 이름도 대사께서 입적 후 광해군이 내린 '자통홍제존자'라는 시호에서 따왔으며 '혜구대사'가 사명대사의 초상을 모시기 위해 건립하여 오늘에 이르고 있다.

경내에는 사명대사의 석장비가 있다. 이 비석은 대일본제국을 모독하는 내용이 들어 있다 하여 1943년 해인사 주지였던 친일승려 변설호와 경찰서장이 네 동강으로 파괴해, 경찰주재소 정문 디딤돌로 사용하는 등 방치했던 적이 있었다. 광복 후 스님들이 현재의 자리에 복원해 놓았지만 아픈 상처가 그대로 남아있어 슬픈 역사의 한 면을 보여주고 있다. 그 비문을 「홍길동전」의 저자 허균이 썼다 하니 더욱 가슴 뭉클하다.

그런데 나는 왜 사명대사의 혼이 깃든 홍제암에서 자꾸만 고운 최치원 선생이 생각나는지 모를 일이다. 선생이 만약 전설대로 가야산을 최후로 신선이 되어 사라졌다면 그 구체적인 장소가 어디일까 하는 뜬금없는 생각 때문이다.

선생이 당나라에서 돌아왔을 무렵의 신라는 급속하게 무너져 내리고 있었다. 지방에서 호족들이 중앙정부를 위협하고 농민들이 사방에서 봉기하여 내란상태에 빠졌다. 궁예가 난리를 일으켜 딴 나라를 세우기도 했다. 난세에는 학문도 쓸 곳 없다고 판단하셨는지 벼슬마저 내려놓고 천하 주유에 나섰다. 경주 금오산, 합천 청량사와 해인사, 의성 빙산, 지리산 쌍계사, 동래, 해운대, 마산 월영대, 양산 임경대, 함양 학사루가 선생의 발길이 닿은 곳이다. 말년에 가야산으로 들어와 여생을 보낸 후 신선이 되어 사라졌다고 한다. 천 년 전 해인사에 심은 한 그루의 전나무는 선생의 간곡한 희망의 메시지를 압축한 것이 아닐까 싶다.

고운이 가야산 어디로 사라졌을까 하는 점에서는 이런 상상이 스친다. 홍제암에서는 가야산 정상인 상왕봉이 빤히 올려다 보인다. 암자 뒤로 난 계곡은 '진대밭골'이다. 진대밭골은 가야산에서 가장 긴 계곡인 동시에 상왕봉과 직선으로 이어져 있다. 홍제암에서 본 정상은 마치 너울너울 신선이 노니는 것 같은 절경이요 선경이다. 천 년 전 선생이 꽂은 나무 지팡이는 홍제암과 가까운 외나무 다리 건너편에 있다. 무엇보다 사명대사의 혼이 깃든 곳이다. 그렇다면 고운 선생은 '진대밭골'을 출발해 '상왕봉'을 찍고, 신선이 되어 하늘로 날아오른 것이 아닐까 하는 가당찮은 상상을 해본다.

왜 자꾸만 이런 생각을 하는 것일까. 나도 신선이 되어 고운 선생을 뒤따르고 싶은 잠재의식 때문일까. 여기 모인 문우들이야말로 신선의 후예라는 생각에서일까. 진대밭골 입구의 짙푸른 배추밭 사이로 총총히 사라지는 선생의 환영이 보이는 듯하다.

독도에 심은 꿈 하나

드디어 울릉도행 쾌속선에 몸을 실었다. 독도 땅을 밟을 수 있다는 설렘에 지난밤은 꼬박 뒤척이기만 했다. 약소민족의 백성으로 강대국의 입맛에 휘둘리며 역사의 희생양으로 살아온 우리로선, 독도는 한 번쯤은 반드시 가봐야 한다는 의무감 같은 것이 있다. 그럼에도 환갑을 넘길 때까지 독도에 갈 기회는 오지 않았다. 스스로 길을 만들 수밖에 없다는 사실을 알게 된다.

지난주는 머릿골에서 제3회 '진등재문학제'가 열렸는데 그 기운을 몰아서 바로 다음 주에 문학회의 이름으로 독도기행을 강행하기로 일정을 잡았다. 체력이나, 정신적으로도 무리가 따를 것임을 알았지만 문학제의 감동이 가시기 전에 이를 독도에 심어 보자는 내심도 작용했다.

출발 전날 밤, 내일 동해안에는 많은 비가 내리고 바람이 불어 배의 출항에 문제가 있다는 전갈이다. 그동안 그렇게나 햇살 좋던 봄 날씨가 왜 하필 평생 처음 독도 가는 날에 기상악화란 말인가. 그리하여 배 시간이 오락가락하는 불안감까지 감수해야만 했다. 이런 안타까운 마음으로 18명의 문우들은

2018년 4월 14일 포항에서 울릉도행 '썬플라워호'를 타게 된 것이다.

비 내리는 동해는 과연 거칠기만 하다. 천 명을 태운다는 큰 배가 나뭇잎처럼 흔들린다. 거센 물결이 몰아치니 배는 요동 치고 승객들 대부분이 멀미를 해 댄다. 앞으로 어떤 일이 벌어 질 것이며, 독도는 과연 들어갈 수 있을지 예측불허의 순간들 이다. 그렇게 3시간 40여 분의 힘겨운 항해 끝에 울릉도 '도동 항'에 안착한다.

울릉도에도 비는 주룩주룩 내리고 있다. 운무까지 아득하여 앞뒤 분간도 어렵다. 자유여행이다 보니 어디로 발길을 옮겨 야 할지도 막막하다. '동쪽 먼 심해선 밖의 한 점 섬 울릉도'라 는 낭만적인 시구마저도 무색해진다. 그렇게 정신없이 민박집 에 짐을 내리니 허기까지 몰려온다.

일정은 자연스럽게 무산된다. 그냥 민박집 주인장의 안내로 울릉도 일주 투어에 나서기로 한다. 해안도로를 한참을 달리 다 서면 남양리 '태양식당'에서 늦은 점심시간을 맞이한다. 첫 식사로 이곳 명물이라는 '따개비 칼국수'가 나왔는데 그 고소 하고 시원한 맛이 일품이다. 반주로 시킨 호박 막걸리는 호박 처럼 노란색의 페트병이 호기심을 당긴다. 여행을 마칠 때까 지 내내 호박 막걸리만 마셨다. 그 특유의 깔끔한 맛이 집으로 돌아가서도 생각날 것만 같다. 먹고 나니 정신도 조금 차려지 고 눈도 크게 뜨인다.

울릉도의 첫인상은 척박함이다. 우뚝우뚝 솟은 바위 사이로 길이 나 있고 집도 지어져 마을을 형성하고 있다. 모든 것이 작고 비좁아 보인다. 물가도 육지의 두 배 이상이 될 만큼 비

싸다. 그렇게 빗속을 달려 도로가 끝나는 곳까지 가서는 다시 돌아와 지친 첫날의 여정을 접는다.

다음 날 아침, 드디어 독도 가는 날의 역사적인 해가 떴다. 하늘부터 살펴보니 비는 그쳤지만 잔뜩 찌푸려 있다. 그럼에도 오늘은 좋은 일이 생길 것 같은 기운이 감지된다. 독도행 '엘도라도호'는 8시 30분 '저동항'에서 출발한다. 이제 동남쪽으로 뱃길 따라 이백 리를 조금 더 가면 그렇게 그리던 우리 땅 독도를 만날 수가 있으리라. 소년처럼 희망으로 뛰노는 가슴을 억누를 수가 없다.

동해는 푸르디푸르고 아득하고 망망하다. 가끔씩 밀려드는 너울성 파도에 배가 뒤뚱거리기도 하지만 이젠 그 어떤 것도 문제일 수 없다는 자신감도 생긴다. 날씨도 구름이 말끔히 걷히며 파란 하늘을 드러낸다. 우리 일행이 자리 잡은 2층 우등실은 잔잔한 얘기꽃과 간간이 들리는 웃음소리에서도 긴장감은 팽팽하다. 과연 독도 땅을 밟을 수 있을까 하는 염려 때문이리라. 그렇게 두 시간 넘게 달리자 눈에 익은 그림 같은 바위섬이 들어온다. 독도가 분명하다.

하지만 독도에는 부두가 없다. 임시 선착장만 있을 뿐이다. 모든 배가 선착장에 접안 할 수 있는 것이 아님이 문제다. 큰 물결이 너울거리는 경우에는 다시 돌아가야만 하는 경우도 허다하다고 한다. 선장의 하선 명령을 초조하게 기다려야만 한다. 잠시 후, 질서를 지켜 안전하게 하선하라는 실내 방송에 환호성이 터진다. 드디어 독도에 발을 딛게 되는구나. 갑자기 눈물이 왈칵 쏟아지며 준비한 태극기를 잡은 손에 불끈 힘이 주어진다.

독도에 내려선다. 아침이 가장 빨리 오는 신성한 땅. 망망대해 위에 갑작스레 떠 있는 새로운 세상에 문득 당도한 것만 같다. 꿈인지 생신지 오락가락이다. 환한 햇살이 눈부시게 내리쬐는 11시경, 수십 명의 경비대원이 도열을 하여 반겨준다. 무념무상으로 빠져들며 속이 텅 비는 느낌이다. 갈매기는 끼룩끼룩 목청을 다해 울어대고 크고 작은 수십 개의 섬이 각양각색의 모습으로 망연히 떠 있다. 동도와 서도를 중심으로 독립문바위, 삼형제바위, 한반도바위 등 이루 헤아릴 수 없는 바위섬들이 오순도순 온 힘을 다해 서로를 부여잡고 있다. 그 위로는 새떼들이 무리 지어 유영하며 우리의 소중한 영토를 힘겹게 지켜내고 있는 모습이다.

그렇구나. 분명 일본이 이렇게 뭉쳐진 한민족에 대한 두려움을 가질 수가 있겠구나. 한때는 나라 전체를 지배한 적도 있는데, 이 작은 섬 하나 뭐라고 가만히 두겠는가 싶다. 강대국의 제국주의적 발상으로서는 충분히 분쟁지역을 삼고도 남겠다. 하지만 그 어떤 기록보다 중요한 진실 하나가 있다. 그것은 실효적 지배다. 먼 옛날부터 살았고, 현재도 이 땅에 살고, 이 땅을 지키고 있는 사람은 대한민국 국민이라는 사실이다. 이보다 더 확고한 물증이 어디 있으랴. 입장을 바꾸어 생각해 보면 더 명확한 답이 나오리라. 그들이 느닷없이 자기네 땅이라고 우기는 것은 강자의 오만과 횡포 외는 그 어떤 논리로도 설명되지 않는다. 독도는 역사적으로나 지리적으로나 대한민국의 영토라는 것은 절대불변의 진리라는 사실을 강조해 둔다.

우리들은 손을 잡고 둥근 원을 그리며 모인다. 누가 먼저랄 것도 없이 하나 된 마음으로 만세를 부르기 시작한다. "대한민국 만세"와 "진등재문학회 만세"를 목청껏 외친다. 태극기를 힘주어 흔들며 애국가도 소리 높여 부른다. 그렇게 독도를 지키고자 하는 감동의 눈물을 더불어 나눈다. 우리가 독도에 꿈

하나 심는 것은 문학의 기운이 국토의 끝자락까지 뻗어나가기를 기원하는 동시에, 이 땅을 지켜 내는 데 동참하겠다는 의지의 표명이다.

30분 정도 지났을까. 승선을 알리는 아쉬운 고동 소리가 울려 퍼진다. 돌아오는 길의 하늘에서도 따스한 봄날의 햇살이 푸른 동해 위에 평화롭게 내려앉는다. 이 땅을 살아가는 백성으로서 오래 담아둔 숙제 하나를 해냈다는 대견함에 마음은 새털구름이 되어 둥둥 날아오른다.

울릉도의 봄

　3일 간의 울릉도 여행 중 둘째 날을 맞았다. 오전에 우리 땅 독도 방문의 감흥을 감추지 못한 채 '저동항'으로 돌아오니 늦은 점심시간이다. 여주식당에서 홍합 덮밥으로 맛있게 식사를 마치니 오후 세 시가 된다.

　일정상 포기했지만, 마음속에 품고 있던 성인봉이 자꾸만 눈에 밟힌다. 왕복 9킬로의 거리에 다섯 시간 전후의 산길을 이 시각에 올라, 날이 저물기 전에 돌아온다는 것은 물리적으로도 불가능한 일이다. 두 개의 행운을 동시에 가져서는 안 된다는 금기 같은 것도 있다. 울릉도 여행에서는 독도와 성인봉 중 하나만 친견에 성공해도 행운이라는 말을 들었다. 그 황홀하고 꿈결 같은 독도의 감격을 맞이한 것만으로도 아직 감동이 가시지 않았는데, 울릉도의 최고봉까지 오른다는 것은 아무래도 과욕일 것 같다.

　그렇지만 기회가 늘 오는 것은 아니다. 언제 또 이 땅을 밟을지 기약이 없다. 어쩌면 영원히 다시 오지 못할지도 모른다. 기회가 왔을 때는 무리가 따르더라도 놓쳐서는 안 된다는 유혹이 자꾸만 발길을 재촉하게 한다. 근본이 산꾼인 나로서는 산을 앞에 두고 발길을 돌린다는 것은 일찍이 없던 일이기도 하다. 일단 가보자. 가다가 어려우면 다시 돌아올지라도 시작이나 해보자. 이렇게 성인봉을 오르기로 마음을 정한다.

산행기점은 'KBS 울릉중계소'다. 출발부터 경사가 만만치 않다. 몇 사람이 시작을 하지만 대부분 중도에서 포기하고 되돌아갈 것이리라. 비 온 뒤의 산길은 깨끗하고 공기는 상쾌하다. 무리 지어 피어있는 애기동백이 탐스러운 자태를 뽐내며 반갑게 맞아주니 불안감도 조금씩 가라앉는다. 푸른 융단처럼 펼쳐지는 초원 사이로 한잎 두잎 피어나는 마가목의 어린순이 무르익은 울릉도의 봄소식을 전해준다.

쉬엄쉬엄, 한참을 오르자 산허리 길로 접어든다. 미끈미끈하고 하얀 기둥처럼 잘생긴 섬고로쇠나무가 거대한 숲을 이루고 있다. 아름드리나무들이 이색적인 풍광을 연출한다. 산신령들이 산책이라도 하던 곳인가. 그림 같은 구름다리도 만난다. 계곡에는 아직 녹지 않은 눈 더미가 남아서 이곳이 지난 겨울, 얼마나 많은 눈이 쌓여 있었던가를 보여준다. 저 위 산 능선으로는 눈부신 햇살이 쏟아지며 너울너울 다정하게 손짓을 한다. 군사시설로 보이는 구조물이 있는 '말잔등'은 정상으로 착각할 만큼 세석고원 같은 평원을 거느리고 우뚝하게 솟아 친근감을 준다.

허리 길을 버리고 좌측 능선을 직선으로 힘겹게 오르자 호젓한 정자 하나가 잠시 쉬어가란다. 도동항의 풍광이 환히 내려다보이는 수려한 전망대다. 푸른 동해의 수평선이 아스라이 그리움으로 펼쳐진다. 성인봉은 1.5킬로 정도 남았지만 여기서 되돌아가는 것이 정답이지 싶지만 함께한 문우의 의지를 꺾기가 어려울 것 같다. 내가 질 수밖에 없다. 정상을 향하여 남은 열정을 모두 쏟아 부어야만 한다.

능선에 올라서자 새로운 세상이 펼쳐진다. 처음 보는 울창한 나무들이 열병식을 벌인다. 바닥 가까이로는 키 작은 섬조릿대가 촘촘하고 희귀 수목종인 섬피나무, 너도밤나무가 고운 자태를 뽐내듯 서 있다. 그 사이로 솔송나무, 섬단풍 등의 특별한 수종들이 빼곡히 들어서 감동을 준다. 정상 부근의 이 원시림은 천연기념물로 지정되어 보호하고 있다던가.

어떤 정상이라도 그 성역만은 쉽게 허락하지 않는다는 교훈을 되새기며 망망 동해의 최고봉에 선다. 울릉도의 진산인 고도 984의 '성인봉', 그 모양이 성스럽다 하여 붙여진 이름. 4월 15일의 일몰 시간이 뉘엿뉘엿 다가오는 오후 5시다. 키만 한 정상 석이 아니더라도 강한 남성적인 힘이 느껴진다. 산 아래는 봄이 한창인데 나무들은 이제 몽글몽글 잎을 틔울 준비만 하고 있다. 형제봉, 미륵봉, 나리령 등 크고 작은 산줄기와 봉우리들이 각자 개성을 뽐내며 당당히 도열해 있는 모습은 숨이 멎을 듯 아름답다. 울릉도의 전역이 한눈에 들어오며 모든 세상이 성인봉 밑에서 고개를 조아리는 형국이다. 아니, 민초의 힘으로 성인봉이 서 있다는 말이 옳을 것 같다. 만감이 교차를 한다.

사실 여행이란, 어느 곳을 가는 것도 중요하지만 누구와 가느냐는 더 중요한 일이라 생각된다. 이번 여행을 함께한 분들은 문학의 이름으로 모인 문우들이다. '진등재문학회'의 깃발 아래, 수필로 세상을 밝히려는 이들이다. 혈육처럼 소중한 벗이란 말이 더 가까운 표현일 것이다. 이보다 더 귀한 인연을 어디서 만날 수 있을까. 비록 미미한 역량이지만 이분들이 문학적으로 성장하는 데 도움이 되어야 한다는 사명감은 분명하다. 지금 같은 나의 열정과 사랑이 변함 없기를 성인봉에서 다짐해 본다.

하산을 서둘렀더니 여섯 시에 원점회귀를 한다. 나리령 코스로 종주를 해야 함이 정석인 줄 알지만 아쉬움을 남겨두는 것이 이번 여행의 미덕이라 여겨진다. 아직도 서산 모퉁이에 해가 조금 걸려있다. 딱 세 시간 걸렸으니 생각보다 빨랐다는 말이 아닌가. 이 역시 감동이다. 그동안 운동을 게을리 한 탓에 지레 겁을 먹고 자신감을 잃었는데 성인봉 신령님께서 큰 선물을 주신 것임이 분명하다.

이제 여행의 마지막 밤을 후회 없이 보내는 일만 남아 있다. 기사식당에서 돼지고기와 오징어를 맵싸하게 버무린 오삼불고기를 주메뉴로 산나물과 호박 막걸리, 맥주, 소주를 푸짐하게 시켜서 식사를 한다. 한 순배 술잔을 돌리며 취흥을 돋운다. 독도 이야기, 성인봉 이야기로 시간 가는 줄도 모르고 얘기꽃을 피우며 분위기는 최고조에 이른다.

편한 식사를 마치자 자연스럽게 유흥을 위한 자리로 옮겨진다. 울릉도에서 멋지다는 2층의 노래방은 인심도 좋아 밤새 노래를 불러도 좋단다. 마음속 깊은 곳에 숨겨진 사연들이 가무를 통하여 터져 나오기 시작한다. 어디서 그런 상상치도 못할 내면들이 분출하는지 서로 마주 바라보며 놀라고 또 놀란다. 어쩌면 아픔이란 다 거기서 거기일지도 모른다. 술의 힘을 빌려서라도 맺힌 것을 발산하고 내려놓음으로써 마음 편해지고 서로 호감을 줄 수 있는 소중한 시간이다. 어떤 돌발적인 모습이라도 모두다 수용이다. 그렇게 가까워지고 단단한 인연의 줄로 묶인다. 그 모든 것을 실천하는 울릉도의 아름다운 밤이 깊어갔다.

떠나는 날의 아침, 강렬한 햇살이 창문을 두드리며 단잠을 깨운다. 돌아갈 준비를 해야 할 아쉬운 시간이다. 마지막 일정으로 약수공원에서 '독도박물관'을 둘러본 후 케이블카를 타고 독도 전망대에 오른다. 구름 한 점 없는 날씨가 고교 시절 수학여행 같은 분위기로 마음 부풀게 한다. 짧은 시간이지만 상상하지도 못한 아름다운 선물을 받은 기분이다.

돌아오는 뱃길은 잘 정돈된 아스팔트 위를 달리는 승용차처럼 안락하다. 물결이 잔잔하니 들어가던 날의 비바람으로 두려웠던 순간까지 까맣게 잊게 한다. 이번 여행에서 문우들과 함께 받은 감동의 기운이, 문학으로 위안 받고 수필로 행복한 나날이기를 소망해 본다.

만추의 회남재

가을이 깊어가고 있다. 정상의 나무들은 무성한 잎들을 떨군 채 앙상한 나뭇가지로 흔들린다. 가을은 이제 도시의 은행나무 잎까지도 노랗게 내려앉았다.

한해의 끝자락이 저만치 보이는 11월 중순, 왠지 모를 슬픔과 적막함이 가슴 깊은 곳에서 발병하는 계절이다. 바쁜 일상들을 모두 물리친 채 지리산으로 가지 않으면 안 된다. 만추의 회남재 숲길에서 고달픈 인간적인 영욕들을 위로받고 싶다.

이른 새벽에 마산을 출발한 일행은 일단 내대리 거림산장으로 향한다. 그곳에는 주인장이 아침 식사를 차려놓고 기다린다. 지리산 토박이인 홍사장은 음악을 사랑하는 오십대 후반 미혼의 신사다. 지리산을 오르내리는 길에 그이를 만난 지도 십 년이란 세월이 흐르다 보니 정이 들고 말았다. 엊그제도 보고 싶다고 빨리 한번 오라는 전화를 받았다. 그리하여 이렇게 득달같이 달려가고 있는지도 모른다. 이것이 나의 사랑법이기도 하다.

아침 식사는 풍성하다. 직접 채취한 자연산 표고버섯 한 접시가 큰 상위에 자리하고, 민물송어 조림과 산나물이 그득하게 차려져 나온다. 동동주 한 잔 곁들이니 사람의 온기가 거림골의 붉은 단풍처럼 따뜻하게 전해져온다.

청학동 삼성궁에서 길은 시작된다. 회남재까지 단풍길 왕복 12킬로를 걸어서 돌아 나오기로 한다. 그 원시와 인공이 가미된 산길은 출발부터 탄성이다. 절정을 넘겨버린 가을의 향연은 슬프도록 황홀하다. 휙, 바람이 부니 마지막 낙엽들이 우수수 몸을 떨고 곡예를 하며 흩어진다. 한세상 마지막 모습이 이렇게 가볍다고 생각하니 커다란 위안이다. 모든 것을 내려놓을 수밖에 없다. 갑자기 하늘이 어두워지더니 후두두둑 빗방울까지 떨어진다. 이미 속세는 벗어난 경지다. 운무 자욱한 회남정에서 문어숙회와 막걸리를 곁들이는 점심시간 역시 또 하나의 풍경이 된다. 되돌아갈 채비를 서둘러야 한다.

겨울을 재촉하는 회남재 길은 마음속 깊이 묻어둔 아픈 기억의 흔적마저도 모두 들추어내는가 싶다. 영혼 속에 간직된 상처들이 오롯이 도지고 만 시간이었다. 그래도 위안과 치유의 역설을 누린 하루였음이 실존이다.

인생의 항로

나는 가끔 험난한 인생길을 바다를 항해하는 돛단배에 비유해 보곤 한다. 이 경우, 준비기를 거쳐서 사회에 첫 입문 하는 시점을 출발점으로 볼 수 있다.

출발선을 떠난 배는 망망대해를 바라보며 목적지를 향해 외로운 장도에 오른다. 사정에 따라 서둘러 빨리 가는 배도 있을 것이고, 세월을 의식하지 않은 채 느릿느릿 여유롭게 가는 배도 있을 것이다. 목적지를 향해 직선으로 가는 배, 빙빙 돌며 둘러서 가는 배도 있으리라. 사람들이 많이 가는 항로를 따라 함께 가는 배가 대다수겠지만 아무도 가지 않는 항로를 따라 외롭고 쓸쓸하게 가는 배도 분명 볼 수가 있을 것이다.

출발하자마자 뒤집히는 배도 있고, 목적지의 중간지점에서 오도 가도 못 한 채 배회하다 예기치 못한 악조건으로 결국은 침몰하는 배도 있으리라. 그 수많은 돛단배가 저마다의 꿈과 희망을 싣고 출발선을 떠나지만 과연 몇 척이나 목적지에 무사히 안착하게 될까. 대부분 배들은 항해 도중 사고를 당하고 불과 몇 척의 배만 목적지에 도착한다는 것이라면 지나친 편견일까.

항구를 떠난 배가 목적지까지 안착하지 못하는 이유는 참으로 많다. 연료의 부족 때문일 수도 있고, 항로를 잃어버릴 수도, 태풍으로 인하여 스스로 힘이 빠져 기진맥진할 수도, 예고 없는 상어 떼를 만날 수도, 예측하지 못했던 돌발변수가 있을 수가 있다. 그럼에도 스스로의 의지력을 잃어버리는 것이 가장 큰 이유라는 것을 명심해야 할 것 같다.

인생길은 바다의 항로보다 더 위험하고 많은 변수를 가지고 있지 않겠는가. 결국 성공한 삶이란 무탈하게 배를 목적지까지 안착시키는 일일 것이다. 둘러 가든, 바로 가든, 무슨 배를 타고 가든, 끝까지 갈 수 있는 삶이야말로 거룩하고 숭고한 것이요 성공한 삶이라는 생각이다.

고시에 패스 한 후배에게 이런 이야기를 해준 적이 있다. 법조인이란 법조인 아닌 사람이 보면 아주 귀하고 높은 신분이겠지만 법조계 안에서 본다면 만나는 사람들 대부분이 법조인이다. 그 속에서는 가장 잘난 사람도 판검사, 변호사요, 못난 사람도 판검사, 변호사다. 그 세계에서 소외되지 않고 조화롭고 인정받으며 일의 행복감을 느끼며 살아가는 것이 중요하다. 그렇지 못하다면 차라리 다른 배를 타는 것이 인생의 목적지에 더 순조롭게 도착할 수 있지 않겠는가.

일전에는 20대 검사가 업무 스트레스로 스스로 목숨을 끊은 안타까운 일도 있었다. 이 경우 이 젊은 검사는 출항 직후 배가 침몰한 것과 같다. 또 얼마 전에는 50대 중소기업 사장이 부도를 막지 못해 목숨을 끊었다는 보도도 있었다. 이 경우는 배가 목적지의 3분의 2지점에서 침몰한 것이다. 만약 이 검사나 사장이 다른 배를 타고 출항했다면 인생의 목적지까지 무사히 안착했을지도 모를 일이다.

사람은 타고난 천성과 기운대로 살아야 한다. 자기의 분수와 소질과 적성과 개성과 환경에 맞게 살아야 한다는 말이다. 그래야 인생의 항로를 순항할 수가 있다. 시장바닥에서 질펀한 육담과 그 문화 속에서 사는 사람이 그 세계를 떠나 다른 배를 탄다면 그 배는 무사하지 못할 확률이 높다. 연구실에서 살아야 할 사람이 산에 살면 안 된다. 가수는 노래 부르기를 좋아하는 사람이 해야 한다.

지금 나의 배는 어디쯤 가고 있을까. 젊은 시절에는 이러지도 저러지도 못한 채 바다 한가운데서 수없이 표류하고 방황하기도 했다. 이러다 내 인생은 여기서 파산하는 것이 아닌가 하는 절망감으로 술독에 빠져서 허우적거린 적도 있다. 중년에는 지리산과 문학을 만나 새로운 삶의 희망을 꿈꾸었음이 가장 큰 정점이요 행운이었다. 이제는 종착점을 향하여 서서히 닻을 내려야 할 시간이 오고 있다. 만선은 아니지만 여기까지 왔다는 점에서 안도의 숨 한 번 쉬고 싶다.

돌이켜보니 출항 직전 반드시 챙겨야 할 것들을 지금에 와서야 깨닫게 되는 것 같아 안타깝다. 어떠한 여건에서도 흔들리지 않는 항심恒心이 가장 중요했지 싶다. 순간적으로 보면 옆길로 새는 것 같았지만, 멀리 높은 곳에서 바라보면 구불텅구불텅하면서도 오직 하나의 방향을 향하여 왔다는 말이 옳다. 나는 내가 이 땅에 태어난 사명감을 한시도 잊은 적이 없었다. 어떤 어려움 속에서도 살아남아야 한다는 것이고, 자존심을 지키는 일이었는데 쉽지만은 않았다. 그것은 오직 피나는 노력 하나로 버티고 견뎌낸 것 같다.

훗날 평자들이 나에 대한 종합적이고 사심 없는 평가를 해줄 날이 오리라 믿는다. 나로서는 아쉽고 고단했지만 그래도 행복한 여정이었다고 말하고 싶다.

이제 인생의 출항을 준비하고 있는 청년들이여. 그대들은 바다보다 더 험난한 인생의 항로를 목전에 두고 있다. 한 번 더 챙기고 준비하여 반드시 배가 목적지까지 무사히 갈 수 있기를 바란다. 한번 떠난 배는 절대로 다시 돌아올 수 없다는 사실만은 명심해야 한다.

망루월출

　여태 살면서 왜 일출에만 목을 맸을까. 새해 일출을 위해서라면 천리 길도 마다하지 않고 뛰어다닌 세월이 어제처럼 선명하다.

　젊은 시절에는 지리산도 고향 드나들 듯이 일출배낭을 꾸렸다. 다리에 힘이 좀 빠졌을 때는 남해 금산이나 무학산 정상에서라도 일출을 보아야만 마음이 편했다. 그래야만 소망이 이루어지는 것만 같았고 역사가 쓰여 지는 줄 알았다.

　단 한번만이라도 멀리 달맞이를 가야겠다고 생각해본 적은 없다. 달맞이에 대한 세인들의 관심이 없는 것도 아닌데 말이다. 달에 관한 지명만 해도 얼마나 많은가. 달맞이길, 달맞이 고개, 달맞이 공원 등 수두룩하다. 달을 소재로 한 노래도「정읍사」,「동동」의 고전시가부터「초승달」,「그믐달」,「달밤」등 현대수필에 이르기까지 문학적 대상으로서도 다양하게 형상화되고 있다. 결국 나 혼자만의 주관으로서 세상을 편협 되게 살아온 것이란 의미가 아닌가. 늦은 나이지만 이렇게 생각을 고쳐먹게 된 것을 다행으로 여겨야겠다.

　무술년 정월 대보름, 나는 이날 처음으로 달맞이를 계획한다. 날씨도 청명하고 모처럼 해맑은 보름달을 볼 것이란다. 저녁 여섯 시 40분 전후로 달이 뜰 것이라 예고도 했다. 서둘러 저녁식사를 마치고 집을 나선다. 목적지는 마산의 추산공원 정상 유서 깊은 망루다. 바로 우리 집 뒤에 있는 명소이지만 달맞이는 처음이다.

　도대체 어떤 일이 벌어질 것인가를 생각하며 마산박물관을 지나 문신미술관 뒤의 돌계단을 오른다. 과연 일출 때처럼 인파는 있을 것인가. 나 혼자서 쓸쓸히 달을 맞이하는 것은 아닐까. 이런저런 생각을 하는 사이, 앞뒤로 사람들의 걸음걸이가 분주하다. 조금 오르자 줄을 지어 행렬이 이어질 정도다. 적어도 평소에는 절대로 이런 일이 벌어지지 않았는데 이렇게 달맞이 인파도 있는 것이구나. 나만 모르고 있었구나 라는 자책을 하게 된다.

　정상인 망루에 이르자 반가운 귀인까지 만난다. 같은 동네 살며 아동문학을 하시는 조 선생님께서도 달맞이를 나오셨다. 마산시가의 네온사인이 늘어나기 시작하는 시간이다. 반짝거리는 불빛이 잔잔한 호수 같은 바다와 어울리니 한 폭의 그림 같은 풍경이 연출된다. 푸른 바다를 밑그림으로 돝섬과 마창대교와 불빛의 어울림이 천상의 꽃밭처럼 일렁인다. 이렇게 아름다운 도시에서 내가 살고 있다니 새삼 마산사람으로서의 행복감까지 느껴진다. 뒤에는 무학산도 수호신처럼 든든해 내가 꼭 있어야할 곳에 왔다는 생각에 마음까지 편하고 안정이 된다.

　이 망루가 있는 '회원현성지'는 경남 창원시 마산합포구 자산동 12-4번지의 주소를 두고 경상남도 기념물 제88호로 지정되어 있다. 과거에는 굴자군, 골포현, 의안군, 합포현으로 불리다가 고려 충렬왕 때인 1282년에 회원현으로 바뀌었다. 이 지역주민들은 이 성을 자산산성이라 부르기도 하지만 원래는 이곳 현을 다스리던 관청이 있던 현성 자리다. 고려시대에는 몽고의 일본정벌을 위한 전초기지였던 정동행성과 합포성으로 옮기기 전의 절도사영 등 중요 군사시설이 위치하던 유서 깊은 곳이기도 하다. 2006년 발굴조사 결과를 토대로 회원현성지의 토성 일부와 산 정상부에 망루 한 동을 복원해 놓았다. 이렇게 뿌리 깊은 역사가 새겨진 곳을 매일 오르고 산책을 하며 일출을 맞이하고 오늘처럼 보름날 달맞이까지 하는 행운을 누리고 있음은 얼마나 자랑스러운 일인가.

저녁 6시 45분쯤, 드디어 달이 뜨기 시작한다. 저기 저 북동쪽 구 창원시가지 쪽에서다. 유난히 붉은 빛이 물들여지더니 손톱만한 불빛이 반짝이고 큰 바가지만한 달이 얼굴을 내미는가 싶더니 순식간에 산등성이를 누르고 성큼성큼 솟아오른다. 사람들은 고개를 숙이고 목례를 하며 저마다 소원을 빌기 시작한다. 나도 모든 행동을 멈추고 경건하게 소원을 빌어본다.

우리 사회가 물질적으로 풍요로운 것도 좋지만 정신적 문화적으로 성숙한 미래가 왔으면 좋겠다고. 사람이 사람을 신뢰하고 사랑하며 사람이 중심이 되는 아름다운 사회가 되었으면 한다고. 살아가면서 겪어야만 하는 수많은 슬픔들을 줄여주고 각자의 마음속에 품고 있는 꿈들을 꽃피울 수 있었으면 정말 좋겠다고.

솟아오르는 달을 바라보니 유년의 추억도 묻어난다. 초등학교 시절의 내 고향 머릿골의 보름날이 달 속에서 피어오른다. 보름날 우리들은 이유도 없이 마냥 설레고 즐거웠던 기억이 난다. 마을 앞 공터에 푸른 솔가지와 짚으로 지어진 달집에는 마을 사람들의 소망들이 올망졸망 매달렸다. 달이 뜨는 시간에 맞추어 달집에 불을 지르면 풍악소리가 마을 전체를 뒤흔들었고 할머니도 어머니도 누나들도 함께 웃어주며 마음껏 박수를 쳐주던 일이 생생하다. 달집이 어느 정도 타고 나면 우리들은 다리미에 콩을 볶아서 얼굴이 까맣도록 정신없이 주워 먹었던 기억도 새록새록 피어오른다.

비록 물질적으로는 풍족하지 못했지만 모든 것이 뜻대로 이루어지던 그 시절, 생각해보면 가장 행복했던 순간이었던 것 같다. 다시 만날 수 없는 할머니, 어머니, 아버지의 얼굴이 보름달 속에서 환히 묻어난다. 살아갈수록 그 유년시절이 사무치게 다가오면서 그리움만 쌓여간다.

어느새 달은 두둥실 떠올라 저기 저 북마산 위를 환히 비춰주고 있다. 나도 조용조용 망루를 내려서야 할 시간이다.

노고단 출판기념회

　여기는 지리산 종석대가 훤히 내려다보이는 노고단산장이다. 단풍이 곱게 물들기 시작하는 10월 13일, 눈부시게 쏟아지는 햇살과 함께 하늘은 높아질 대로 높아지고 바람은 서늘하여 그 무엇을 하기에도 정말이지 설레고 좋은 날씨다.

　산장 주변에는 울긋불긋 단풍과 함께 인파라 할 만큼 사람들로 붐빈다. 그 속에서 우리 진등재문학회 회원 43명도 분주히 움직인다. 가을 문학기행을 지리산으로 왔는데 작은 이벤트로 나의 수필집『지리산 종석대의 종소리』출판기념회를 연다는 귀띔이다. 주변 분들에게 민폐를 끼치지 않으려고 그 어떤 형식의 기념식도 하지 않기로 정리를 끝냈는데 당황스럽기만 하다. 결과적으로 더 큰 부담을 준 셈이 되어 편치만은 않지만 되돌려 놓을 수도 없는 일이 되고 말았다.

　종석대가 잘 보이는 야외식탁 하나를 골라 준비해온 현수막을 분주하게 설치하는 문우도 보인다. 여러 종류의 떡으로 조화를 이룬 커다란 케이크를 중심에 놓고 그 옆에는 작품집 5권도 배치하고 함께한 회원들이 둥글게 원을 만들어 둘러선다. 이장중 회장의 인사 말씀으로 의식은 시작된다.

지도교수님의 4번째 수필집이 출간되었으나 기념회를 하지 않았습니다. 작품집 출판을 축하드리며 책의 중심 소재가 되는 지리산을 여행하는 것이 의미 있는 일이라 여겨져, 가을 문학기행을 지리산으로 왔습니다. 표제작인 '종석대'를 아름답게 조망할 수 있는 노고단에서 기념식을 갖는 것만으로도 의미가 있을 것입니다. 우리의 문운이 저 힘차게 뻗어 내린 무수한 지리 산맥만큼이나 왕성하게 퍼져나갔으면 좋겠습니다.

　　이어서 다인 조경숙 선생이 정성스럽게 준비해온 우전차로 다례를 올린다. 이 차는 본격적으로 비가 내리기 시작하는 곡우보다 약 10일 전에 따서 아홉 번이나 찌고 말려서 정성을 깃들인 곡우차인데 신라시대 이름 있는 다례 때도 이 종류의 차를 사용했을 정도라 한다. 예의를 다하여 지리산 신령님께 3잔을 올린다. 술이 아닌 차로서 예식을 올리기는 처음 있는 일이라 많이 설레고 긴장된다.

　　함께 축가를 부르고, 졸작 「지리산 종석대의 종소리」가 여성 문우의 낭랑한 목소리로 울려 퍼질 때쯤에는 주변에 있던 등산객들도 모여들기 시작한다. 나의 인사말 차례가 되어서는 감사함과 노고단의 유래에 대하여 이렇게 말씀을 드린다.

　　정말 감동입니다. 어떻게, 종석대를 바라보며 출판기념을 하려고 생각을 했는지 대견하고 특별합니다. 지리산 신령님께서 여기 모인 문우님들께 빛나는 문운을 주시리라 믿습니다. 오늘 이 행사를 기획하고 준비한 진등재문학회 여러분의 사랑이 온몸으로 전해져 옵니다.

이곳 노고단은 참으로 유서가 깊습니다. 신라시대부터 지리산을 '남악'으로 숭배하고 그 주재자인 산신께 제사를 올린 곳입니다. 당시 국가적 차원으로 제사를 모신 장소가 천왕봉이라면 민간차원에서 기원을 드린 곳은 노고단입니다. 통일신라 때는 그 사당인 '남악사'가 천왕봉 쪽에 있었으나, 고려시대에 노고단 쪽으로 옮겨졌습니다. 물론 당시의 역사적, 정치적인 정황이 고려되었지요. 중요한 것은 국가적 차원의 제사는 왕조가 멸망하면 소멸하지만, 민중에 의해서 계승 발전된 유산은 영원한 생명력을 유지한다는 점입니다. 민초들의 그 끈질긴 힘의 흔적인 남악사가 현재 전남문화재자료 제36호로 지정되어 구례 화엄사 옆에 존재하고 있다는 것만으로도 알 수가 있지요. 오늘 직접 가서 보고 느끼게 될 것입니다.

또한 노고단 일대는 1920년대 미국, 영국, 호주, 프랑스 등 선교사들이 수양관을 건립하여 여름휴가를 즐겼던 곳입니다. 한국전쟁 중에 폭격을 당해 그 잔해가 지금도 남아있습니다. 여름 지리산의 시원함과 수려한 경치를 잊지 못한 그들은 1960년대 '왕시루봉'으로 옮겨 다시 별장을 지었습니다. 수영장 등의 위락시설물들이 남아 있어 한때의 호화로웠던 역사를 침묵으로 보여주고 있지요.

인사가 끝나는 대로 떡 케이크 나눔 행사가 진행된다. 떡은 모인 모든 하객에게 골고루 나누어진다. 그러는 사이 나는 준비해 온 책 사인회를 한다. 다섯 권이 전부라 조금 아쉽긴 하지만 얼마나 상징성 있는 일인가. 의식을 마치는 대로 삼삼오오 웃음꽃을 피우며 기념촬영을 하고 행사를 마무리 짓는다.

빤히 보이는 종석대를 바라보고 하산을 하며 얘기꽃은 피어난다. 상상했던 종석대와 너무나 다르다는 게 중론이다. 송 작가는 울컥하며 눈시울을 적신다. 신비롭고 아름다워 전율이 흐른다고 몸을 떠는 문우도 있다. 엄청 큰 봉우리라 생각했는데 작은 뒷동산 같다는 이도 있고, 다정한 벗이 부르는 것만 같아 올라가 놀고 싶다는 사람도 많다. 오늘은 갈 수 없지만 언젠가는 반드시 한 번 오르고야 말겠다는 의욕에 찬 열렬 문우도 보인다. 너무나 가까운 거리에서, 같은 대상을 바라보면서도 생각도 느낌도 이렇게 다르니 이 역시 이번 문학기행의 수확이 아닐까도 싶다.

그러는 사이 노고단의 가을하늘은 두둥실 더욱 높아져 있다. 종석대 위로는 옅은 구름 한 무리 유유히 어디론가 흘러간다. 저 맑고 높은 하늘과 운무만큼 우리들의 문학을 향한 꿈도 무럭무럭 자유롭게 피어오르기를 소망해 본다.

박달재의 금봉이야

「울고 넘는 박달재」의 노래 가사에 나오는 천등산 박달재는 제천과 충주를 잇는 38번 국도의 중간지점에 있는 고개를 말한다. 이 박달재는 차령산맥의 지맥인 구학산과 시랑산의 안부鞍部에 해당한다. 실제로 천등산은 시랑산과 원서천을 사이에 두고 남쪽으로 이십여 리 떨어져 있다.

예부터 길이 험하고 가파른데다 박달나무와 도토리나무 숲으로 우거져 맹수들이 불시에 튀어나올 만하며 행인을 노리는 산적들이 많았다. 그러다 보니 이곳을 넘어 시집이라도 가는 새색시들은 눈물을 쏟는다고 해서 울고 넘는 박달재가 되었다고도 한다. 무엇보다 박달 도령과 금봉 낭자의 사랑 이야기가 중심에 있다. 그 애틋한 전설은 이렇게 전해진다.

조선 중엽쯤이다. 경상도의 젊은 선비 박달은 과거를 보기 위해 한양으로 떠난다. 충북 제천시 백운면 평동리에 이르렀을 때다. 해가 저물어 민가에 찾아 들어 하룻밤을 묵게 되었다. 이 집에는 금봉이라는 처녀가 있었다. 박달은 금봉의 청초한 모습에 반했고, 금봉은 선비 박달의 의젓함에 마음이 움직였다. 두 사람은 금새 사랑에 빠졌고 이튿날 떠나려던 박달은 며칠 더 묵게 되었다. 두 연인은 급제 후 함께 살기로 굳은 사랑의 언약을 하게 된다.

박달은 고개를 오르며 한양으로 떠났다. 금봉은 도토리묵을 싸서 허리춤에 달아주며 한사코 눈물만 훔쳤다. 서울에 간 박달은 공부는 뒤로한 채 그리움의 시만 지었다. 박달은 과거에 낙방했고 금봉을 볼 낯이 없어 평동에 갈 수가 없었다. 박달을 떠나보낸 금봉은 날마다 성황당에서 장원급제를 빌며 기다렸다. 애타게 기다려도 결국 박달이 오지를 않자 금봉은 상사병으로 시름시름 앓다 끝내 숨을 거두고 만다.

금봉의 장례를 치른 3일 후에 돌아온 박달은 목 놓아 울었다. 울다 얼핏 고갯길을 쳐다보니 금봉이 고갯마루를 향해 너울너울 춤추며 가고 있는 것이 아닌가. 뒤따라 뛰어 고갯마루에 이르러서야 겨우 잡을 수가 있었다. 금봉을 품에 안는 순간 천 길 낭떠러지로 떨어져 박달도 죽는다. 금봉의 환영을 본 것이다. 이후 이 고개를 박달재라 불렀다. 1948년에 박달 도령과 금봉 낭자의 사연을 담은 「울고 넘는 박달재」가 발표되어 전 국민의 애창곡이 되었지만 나 역시도 즐겨 부르는 노래다.

이룰 수 없었던 사랑의 전설과 그리움이 있는 박달재에 한번 가고 싶었다. 코로나19가 고개를 조금 숙인 5월의 마지막 주 평일을 잡았다. 내비게이션에 박달재 서원휴게소를 입력하니 3백여 킬로에 3시간 정도의 소요시간이 나타난다. 아홉 시경 마산을 출발한다.

소리 없이 봄이 지나가더니 어느새 여름이 다가와 있다. 올해는 사상 초유의 전염병 사태로 모든 것이 멈추어 버렸다. 정상적으로 돌아가는 것이 없다. 속절없이 떨어지는 봄꽃을 바라볼 여유조차도 없었다는 말이 옳다. 그래도 차창 밖에는 모내기 준비가 한창이고 개구리 울음소리도 정겹다. 아카시아 꽃이 떨어진 자리에는 빨간 장미들이 환한 미소로 손짓해 준다. 떠난다는 것이 얼마나 위안인가 싶다. 그것도 난생처음 박달과 금봉의 사랑 하나만을 찾아서 먼 길을 나선다는 것에 나이 정도는 깜박 잊어버리고 만다.

현풍에서 중부내륙 고속도로로 들어선다. 성주를 지나고 상주로 들어서니 청년 시절의 풋풋한 추억도 생각이 난다. 함창, 문경의 이정표가 보이니 여고에서 학년부장을 하던 시절, 학생들을 인솔하여 문경새재 길을 걸어 졸업여행을 가던 그날의 풍경들이 오롯이 살아난다. 그날 마지막 관문을 지나며 주막에서 대취해 신분도 잊어버리고 아이들과 어울렸던 어이없는 실수도 그리움이 되었다. 그렇게 충청 땅으로 입성을 한다. 그리던 금봉 낭자를 만난다고 생각하니 가슴이 울렁인다.

충주에 이르니 정오를 넘기고 있다. 생각보다 훨씬 더 먼 길이다. 박달재터널이 다가올 무렵 오른쪽 언덕길로 안내를 하며 커다란 일주문이 반겨준다. 박달재를 오르는 옛길이란 걸 알 수가 있다. 갑자기 숲이 짙어지며 인적이 끊어진다. 왕거미 집을 짓고 부엉이 울음소리가 온 산골에 울리는 듯하다. 굽이굽이 산길을 돌고 돌아 고갯마루에 올라서니 늦은 점심시간이다. 4시간 이상을 앞만 보고 달려 박달재에 도착한 것이다. 울고 넘는 박달재의 노랫소리가 조용조용 들려오며 멀리서 찾아온 손님을 다독여 준다.

일단 마음을 차분히 다스리며 주변을 찬찬히 살펴본다. 아담하고 둥그런 광장은 사랑을 테마로 공원을 조성해 놓았다. 광장을 에워싼 동쪽으로 박달재라는 표지석이 있고 박달루, 금봉루의 정자가 보인다. 남서쪽으로는 시랑산 등산로 안내도가 있고 박달재 노래비가 세워져 있다. 산을 등진 남쪽에 박달재 서원휴게소 건물이 우뚝하고 그 안으로 기념품 판매장과 토속 음식점 간판이 보인다. 전체적으로 울울창창한 숲속에 있는 독립된 세계다.

식당 안으로 들어서니 텅 빈 공간이지만 따스함이 느껴진다. 봄가을의 주말이면 관광버스가 사람을 태워와 북적인다는데 오늘은 우리 일행이 전부다. 한쪽으로는 도깨비방망이 등의 기념품이 빼곡히 진열되어 있고 또 한 켠은 주방과 식당이다. 이곳을 지키는 노부부의 정겨운 눈길이 편안함을 준다. 도토리 묵사발과 도토리 전에 감자전까지 주문한다. 정말이지 그 맛이 일품이다. 매우 얇게 부쳐진 도토리 전은 특별하게 입맛을 끌어당긴다. 분명 시장기만은 아니다. 오늘도 애절하게 박달 도령을 기다리는 금봉 낭자의 사랑이 배어있다는 생각에 울컥 목이 멘다. 현실적으로 보면 박달과 금봉은 사랑 때문에 인생을 망쳐 버렸다고 해도 과언이 아니다.

그럼에도 옛날이나 지금이나, 늙은이나 젊은이에게나, 한 세상을 사는 모든 사람들에게는 사랑이 최고의 가치라는 생각을 해 본다. 사랑은 달콤하지만 때로는 쓰라리고 아파서 다시는 사랑하고 싶지 않을 때도 있다. 그래도 사랑만이 삶의 가장 소중한 가치라는 생각을 하며 박달재를 떠난다.

아들과 스페인

스페인은 유럽의 시작이자 종착점이다. 지중해와 닿아있고 남쪽으로는 북아프리카의 모로코와 접해 있다. 지구의 반대편까지 날아가야 하는 머나먼 여정이다.

12월 31일 오전 11시, 인천공항에서 13시간 이상이나 비행기를 타고 '마드리드' 공항에 내렸는데 그곳은 그때서야 붉은 노을이 마지막 빛깔을 채색하고 있었다. 한 해가 저물고 있는 슬프고도 황홀한 시간에 호텔에 도착하여 여장을 풀었지만 쉬 잠들 수가 없었다. 미지의 땅에 대한 설렘은 나이를 초월할 만큼 벅찬 것이었나 보다.

그렇게 경자년 새해 아침을 이국에서 맞이했고 10일간의 스페인 대장정은 시작되었다. 주마간산식의 패키지여행에서 한 나라의 역사와 깊이를 정확하게 알고 표현하기란 쉽지 않겠지만 이런 느낌은 들었다. 쭉쭉 뻗은 도로, 끝없이 펼쳐지는 평원과 올리브나무, 아스라한 지평선, 하얀 색깔의 마을들, 광활한 지평선 너머로 진행되는 붉디붉은 낙조의 모습, 맛있고 풍성한 음식들, 서유럽과는 또 다른 복합적인 문화가 이색적으로 다가왔다. 분명 한국과 유사한 분위기도 감지되었다.

이번 여행은 대학 시절 학보사에서 만난 우리 〈한솥모임〉으로서는 마지막 일정이 될지도 모른다. 그동안 다섯 부부가 20여 년 간 세계 각지를 참 열심히도 다녔는데 건강 때문에 이번에는 전원참여가 불가했다. 아내도 무릎 수술을 하여 먼 길을 떠날 수가 없었다. 흐르는 세월을 순순히 받아들여야 함은 순리다. 그 빈자리를 승일이가 메꾸어 얼마나 다행인가 싶다. 그렇게 아들과 스페인 여행길에 오른 것이다. 그래도 사업이라고 벌여 놓았는데 몸을 빼기가 어려웠을 테지만 아버지의 부탁을 선뜻 받아주어 고맙고 든든하다.

　8세기경 형성된 중세도시 '톨레도'는 높은 언덕 위에 있었다. 다섯 단계의 거대한 에스컬레이터를 타고 올라갈 수 있는 것이 인상적이었다. 분명 과거의 역사와 현대문명을 하나의 벨트로 묶어서 또 하나의 새로운 세계를 창출해 내고 있었다. 이슬람인을 몰아낸 것을 기념하고 스페인 가톨릭의 총 본산지로 알려진 대성당을 뒤로하고 건너편 산 중턱의 파라도르 호텔의 카페로 이동하였다. 그곳 전망대에서 바라본 톨레도 시가의 모습은 가슴 뭉클했다. 천 년도 더 지난 중세의 모습을 그대로 바라본다는 사실이 꿈만 같았다. 언덕 위의 도시를 둘러싸고 흐르는 타호강은 아름답기도 하지만 외적의 침입으로부터 보호해주는 지형지물로서도 천연요새였다. 도시를 둘러싸고 있는 아득한 평원은 무한하고 광활했다. 풍차를 향하여 한없이 돌진해 대는 돈키호테의 모습이 연상될 정도였다.

　문득 이런 생각이 스쳤다. 죽어야만 영원을 살 수 있을지도 모른다. 죽음은 끝이 아니다. 한 인간은 삶의 길이만큼 업적을 이룰 수밖에 없다. 아버지가 이룬 바탕 위에서 자식이 이어가고, 아들이 다 못하면 손자가 하고 그렇게 역사는 이어져가는 것이다. 아무리 위대한 인간도 이룰 수 있는 한계가 있음이다. 지금 저 중세도시도 당시를 살았던 사람은 없지만 천 년을 이어져 존재하고 있지 않은가. 다시 몇 천 년이 흐른다 해도 저 모습 그대로 삶의 향기를 전해 줄 것이리라. 그리하여 죽음도 희망이다. 나는 아들의 손을 가만히 잡아 보았다.

'그라나다'에 있는 알람브라 궁전은 중세 이슬람문화의 결정체였다. 이슬람이 스페인에 들어온 것은 8세기경이라 한다. 그로부터 약 8백 년 가까이 스페인영토의 대부분이 이슬람 영향권에 들어간다. 알람브라 궁전은 이슬람의 마지막 왕조였던 무어왕조의 유수프 왕에 의해 건축이 시작되어 14세기 초에 완공되었다. 전쟁에 시달리며 쇠락해 가는 왕조의 거처로서 마지막 숨을 몰아쉬며 지은 궁전이기에 애잔한 마음 금할 수가 없었다. 속세와 천국을 건축으로 표현한 그들의 철학을 온전히 느낄 수 있었다. 노란 오렌지가 주렁주렁 달린 정원과 섬세하고 영적으로 표현된 조각에도 감탄했다. 둔탁해 보이는 외관과 세밀한 내부의 대조도 무척이나 인상적이었다. 스페인 땅에 영원을 꿈꾸며 들어온 이슬람은 그들의 왕국을 만들었으나 결국 몇 백 년 영화를 누리다가 그 자리를 가톨릭에 내어주어야만 했다. 이 두 문화의 충돌과정에서 희생된 수많은 이들의 붉은 핏방울은 아마도 강물을 이루고도 남았을 것이다. 그 인명의 희생이 애달프고 슬퍼서 마음은 한없이 밑으로만 가라앉았다.

'바르셀로나'인근의 몬세라트는 톱으로 자른 산이라는 뜻인데 산세가 웅대 수려하고 베네딕투스 수도원이 있는 성지였다. 산 중턱 해발 7백 지점의 깎아지른 듯한 바위 사이에 지어진 이 수도원은 카탈루냐 사람들의 수호성인 검은 성모상이 모셔져 있었다. 성 루카가 만들고 50년 성 베드로가 이곳으로 옮겼다고 한다. 아랍인들에게 강탈당할 것을 염려해 동굴 깊숙이 숨겨 두었는데, 8백 30년이 지나서 이곳 목동들에게 빛과 함께 천상의 음악이 들리며 발견되었다는 것이다. 옮기려 했으나 꼼짝도 하지 않아 이곳에 성당을 세웠다고 한다. 수도원 대성당 제단 2층에 자리하고 있는데 오른손에 들고 있는 공은 오픈되어 있었다. 이 치유와 기적의 마리아를 보기 위해 세계의 순례자들이 끊이지 않고 긴 행렬이 이어진다는 것이다.

가이드는 설명을 끝내며 시간상 밑에서 바라만 보라고 했다. 아들은 재빨리 나의 손을 잡고 2층으로 이끌었다. 이미 성모상을 보기 위해 긴 줄이 끝도 없이 이어진 상태였다. 나는 놀라면서도 조용히 아들 뒤를 따랐다. 상상도 할 수 없는 일이 벌어지고 있는 것이었다. 과연 성모상을 만져볼 수가 있을까. 반신반의하며 시계만 바라볼 뿐이었다. "아부지, 여기까지 왔는데 아무 걱정 마시고 내 따라 오이소. 시간은 충분합니다. 나는 기념품 가게에서 검은 성모상도 하나 살겁니다"하며 여유까지 부리는 것이 아닌가. 그랬다. 승일이가 맞았다. 나는 그렇게 아들의 용기 덕분에 나무로 만들어진 검은 성모님을 친견하는 감격을 맞이했다.

이 외도 세고비아의 알카사르와 로마 수도교, 마드리드의 프라도 미술관과 스페인 왕궁, 세르반테스의 소설『돈키호테』의 배경이 된 콘수에그라의 풍차 언덕, 론다의 투우장과 헤밍웨이의『누구를 위하여 종은 울리나』의 촬영지인 누에보 다리,

코르도바의 메스키타 사원과 유대인 거리, 세비야 대성당과 스페인광장과 포르투갈을 둘러보았다.

바르셀로나에서는 피카소 박물관과 사그라다 파밀리아라 불리는 성가족성당도 관광했다. 이 성당은 천재 건축가 가우디가 독창적으로 설계한 건축물로써 1882년 착공해 138년째 공사가 계속되고 있었다. 그의 사망 백주기인 2026년에 맞추어 완공 예정이라 했다. 이 어마어마한 성당의 특별한 점은 기둥과 천장의 형태가 나무와 꽃 등 자연을 형상화한 디자인으로 마치 숲속을 걷는 듯한 편안한 느낌을 주었다. 스테인드글라스를 통해 들어오는 천연의 빛은 밝고 신비로워 오래오래 머무르고 싶을 정도로 편안했다. 규모는 장엄하지만 내부가 컴컴했던 유럽의 수많은 성당과는 분명 차이가 있었다. 그 모두가 다시 가보고 싶은 그리운 곳이 되었다.

내가 아들에게 바라는 소망이 크지는 않다. 세상 부모들의 기대와 다를 바 없다. 이 험한 세상에 슬기롭게 살아남아야 한다. 앞서가지는 못할망정 뒤쳐져 소외되어서는 안 된다. 문화생활도 하며 사람답게 살았으면 좋겠다. 이웃의 아픔까지도 살필 수 있는 나눔의 삶을 살 수 있다면 더 바랄 것은 없다. 이게 전부다. 그 정도의 사람으로 키우기 위하여 어려서부터 그렇게 다그치며 온 힘을 다하여 전쟁이라도 치르듯이 교육을 해 온 것이다. 한때는 자식에 대한 욕망은 멈출 수도 없어 설령 고시에 합격했을지라도 그 이상의 것을 바랐을 것이다. 현실을 인정하고 받아들이는 데는 폭풍우가 휘몰아쳤음은 물론이다. 지금은 자동차 관련 조그만 사업장 하나 운영하고 있다. 좋아하는 것을 일로 연결해 낸 능력을 장하게 생각한다. 열심히 하면 못다 한 꿈도 이룰 수 있으리라 믿는다. 무엇보다도 서정이 성현이 아비가 되어준 것이 고맙다. 자식이 다하지 못한 것은 손자가 또 메꾸고 이어가면 될 것이다.

아들과 여행하며 느낀 소회라면 이만하면 잘 컸구나 싶었다. 가족을 생각하는 마음도, 아버지를 염려하는 모습도 배어났다. 사람들 속에 어울려 무난히 살 수 있겠구나 하는 희망을 보았다. 아들과 멋진 스페인의 추억을 잊지 못할 것이다.

은총의 땅 파티마에서

　유럽의 끝 포르투갈의 산골 마을 '파티마'는 이제 세계인의 성소가 되었다. 성모 마리아의 발현 이후 가톨릭 신자는 물론 일반인들도 꼭 한 번 가보고 싶어 하는 신비로운 성지다. 나 역시 기적의 땅 파티마에서 성모님을 만나고 간절한 기도 한 번 올리고 싶었는데 67세 신년 벽두에서야 아들과 함께 그 소망을 이루게 되었으니 감회는 깊다. 기적의 핵심은 이렇게 전해진다.

　약 백여 년 전이다. 제1차 세계대전이 한창 진행되고 러시아에서는 볼셰비키 혁명이 일어난 1917년으로 거슬러 올라간다. 그해 5월 13일 포르투갈 중부 산타렘 주의 레이리아 교구에 속한 시골 마을에서의 일이다. 초원에서 양을 치던 세 명의 어린 목동 앞 떡갈나무 위에서 찬란하고 눈이 부신 빛으로 성모님이 발현한 것이다. 그 후 5개월 간 매월 13일에 오겠다는 약속까지 하셨다. 그 모습은 16세 정결한 처녀 같다고 했다. 이 소문은 빠르게 전파되었다. 성모님이 오기로 약속한 마지막 날인 10월 13일에는 세계 각지의 언론인 등 약 7만 명의 인파가 기적의 현장을 보기 위해 파티마로 모여들었다.

그날 태양의 기적이 일어났다. 구름이 하늘을 완전히 뒤덮자 엄청난 비바람이 몰아쳤다. 오후 1시쯤 되자 먹구름은 사라지고 비도 그쳤다. 태양이 구름을 뚫고 나와 묘한 은빛 원반처럼 회전하기 시작했다. 이때 하늘에서 여러 성인이 나타났고 태양은 불 바퀴처럼 빠르게 돌면서 여러 색깔의 광선들을 발산하며 지상을 물들였다. 잠시 후 태양은 하늘을 가로질러 지그재그 모양으로 전진하면서 지상을 향해 엄청난 속도로 떨어졌다가 제자리로 돌아갔다. 이때 휘황찬란한 빛을 발하며 성모님이 그 실체를 보이셨다. 구체적인 기적의 모습이 세상에 드러난 것이다.

이 사실을 교황청에서는 처음부터 인정하지는 않았다. 1930년 레이리아 교구의 주교가 파티마의 성모 발현을 선언하고서야 바티칸 교황청도 공식적인 인정을 하게 되었다. 성모님의 유지대로 1953년에는 이곳에 대성당이 완공된다. 이후 파티마는 프랑스의 루르드, 멕시코의 과달루페와 함께 3대 성모 발현지로 꼽히며 해마다 수백만 명의 순례자들이 찾아와 영험한 은총을 체험하고 있다.

성모님은 세 명의 어린이에게 인류의 운명과 직결된 세 가지의 예언을 했다고 한다. 그 하나는 생생한 지옥의 모습과 1차 세계대전의 종결이었고 둘째는 2차 세계대전의 발발 및 소련 공산주의의 대두와 몰락을 예언했다. 세 번째 메시지는 교회의 수난, 즉 교황 요한 바오로 2세에 대한 암살 기도다. 그리하여 세계평화와 죄인들의 회개를 위해, 기도, 희생, 보속을 요구하고 특별히 로사리오 기도를 꾸준히 바칠 것을 당부했다. 간절한 기도로써 세상 구원을 호소한 것이다. 독일의 베를린 장벽까지 무너져 내리며 실제로 이러한 예언은 모두 현실로 이루어졌으니 신비롭지 않을 수가 없다. 어쩌면 성모님의 메시지는 오늘의 우리에게 더 절실히 요구되는 덕목이 아닐까 싶다.

그 신비한 만큼 파티마 가는 길 또한 멀고도 힘겨운 여정이었다. 우선 '인천국제공항'에서 스페인 '마드리드'까지 13시간 20분의 비행기를 타야만 했다. 경비도 만만치가 않았다. 여유로운 시간과 체력도 갖추어야 한다. 스페인의 남부 도시 '세비야'에서 포르투갈의 수도 '리스본'까지 5시간 30분간 버스로 달렸다. 아름다운 항구도시 리스본에서 맛있는 점심식사와 시내 관광을 하고 다시 2시간의 버스를 달려 유라시아 대륙의 서쪽 끝인 '까보다 로까'에 도착했다. 옛날, 사람들이 세상의 끝으로 여겼다는 곳이다. 포르투갈의 대표적 서사시인 까몽이스의 "여기 땅이 끝나고 바다가 시작된다"라는 글귀가 거대한 십자가 돌탑 뒤에 새겨져 있었다. 우리가 도착할 때쯤에는 광활하고 망망한 대서양의 일몰이 장엄하게 진행 중이었다. 세계의 젊은 여행객들이 저물어가는 해를 바라보며 저마다의 감정을 녹여내는 모습은 묘한 향수와 이국적 풍경으로 새겨졌다. 나는 왠지 울컥울컥 밀려드는 서러운 객창감에 자꾸만 눈물이 났다.

사위어가는 일몰을 가슴에 묻으며 버스는 달리고 또 달려 드디어 '파티마'로 입성한다. 결국 오늘은 늦은 밤이라도 파티마에 들어가 성모님 품속에서 잠든다는 사실이 꿈만 같다. 어떻게 심장이 고요해질 수가 있겠는가. 어두운 밤이지만 티끌 하나 남김없이 모두 새겨두겠다는 마음으로 아우레아 호텔에 도착하니 저녁 여덟 시쯤이다. 모든 것이 따뜻하고 포근하게 느껴진다. 평화의 땅 파티마는 호텔의 직원들도 표정부터가 편안하고 친절하다. 이미 이 마을 사람들은 하느님의 삶을 살고 있는 착한 양들이 아닐까 싶다. 늦은 시간이지만 짐을 내리는 즉시 당신의 현현 장소로 달려가지 않을 수가 없다. 기적의 현장은 숙소에서 불과 십 분 이내의 거리에 있었다.

 적어도 30만 명은 들어설 수 있는 거대한 '코바디 이리아 광장'이 나타나 반긴다. 이렇게 큰 광장은 지금껏 본 적이 없다. 성모님은 이곳에 영원의 터전을 잡으신 것 같다. 백 년 전에는 양들과 목동들이 노니는 산속의 초원이었다. 광장을 중심으로 서쪽으로는 현대식 '성 삼위일체 성당'이 고즈넉이 자리하고 그 앞으로는 대형 십자가와 교황 요한 바오로 2세의 동상이 있다. 동쪽 끝에는 파티마 대성당인 '로사리오 성당'이 위풍당당 왕관을 쓴 첨탑의 십자가에서 찬란한 광채를 내뿜으며 그 순백의 형체를 보여준다. 이 성당 안에는 세 명 목동이 영면에 들어 있다. 광장의 중앙으로는 순례자들이 무릎을 꿇어 엎드려 이동하며 온몸으로 기도하는 모습이 처연해 보인다. 그 처절한 신심에 내 몸도 저려짐은 어쩔 수가 없다. 광장의 중앙을 천천히 걸어 대성당 가까이에 다가가니 '발현예배당'이 소박하게 촛불을 밝히고 있다. 성모 마리아가 직접 나타나신 곳을 기념하여 세운 열려있는 성당이다. 이곳에서는 매일 저녁 9시 30분에 신부님이 직접 나오셔서 촛불 행렬의 미사를 집전한다고 한다. 나는 승일이와 이 미사에 참례하는 가당찮은 영광을 얻는다. 가슴 깊이 묻어두었던 작은 불씨가 무심결에 일렁이며 뜨거운 감동의 기도로 흐른다.

'은총이 가득하신 마리아님. 이렇게 만남의 은총을 주서 기쁘고 살아온 날들에 대하여 감사하나이다. 무수한 화살로 참기 어려운 아픔을 겪을지라도 노여움을 다스리고, 자연의 섭리를 순명하며 나를 내려놓게 하소서. 하늘이 무너지는 절망감이 올지라도 평정심을 잃지 않고 조용히 삭여서 다시 일어설 수 있는 힘을 주소서. 세상 탓으로, 남 탓으로 원망하지 않고, 오로지 나의 잘못을 인정하게 하소서. 이 세상에서 잘못된 선택의 실수는 이제 너그러이 용서하시어 인생을 그르치게는 하지 말아주소서. 그래도 세상을 신뢰하는 믿음의 기도로 남은 생을 살게 하소서. 이생에서 다하지 못한 소망은 다음 생에서라도 이룰 수 있다는 희망을 꿈꾸게 빌어주소서.'

고목이 된 아름드리 '떡갈나무'는 발현예배당 바로 뒤에서 푸른 자태를 유지하며 고고히 서 있다. 바로 살아있는 역사의 증거물이자 기적의 현물이다. 백 년이 더 지난 이 나무야말로 그 모든 사실을 직접 체험하고 지켜본 성물이 아닌가. 가까이 다가가 떡갈나무의 나뭇잎과 가지를 쓰다듬듯이 울타리를 만지고 또 어루만진다. 이 나무가 오래오래 남아서 그날의 역사를 증언해 주기를 경건하게 소망해 본다. 이 순간도 성모님은 백년 전 그날의 빛으로 떡갈나무 위에서 사랑을 발현하고 계실 것이라는 믿음과 함께 말이다.

늦은 밤 은총의 성지를 떠나며 다시 내일의 방문을 기약하고 기나긴 하루의 여정을 접는다. 하늘에서 바라보고 있는 섣달 열흘의 상현달은 광장에서 숙소까지 한 걸음도 늦추지 않고 무심히 비춰주고 동행을 해 준다. 오늘 밤은 세상의 모든 시름 놓아버리고 성모님 품속에서 아기처럼 잠들고 싶다.

3부 젊은 날의 엽서 한 장

간절함

간절하면 이루어진다고 했던가. 그렇게 이룬 것이야말로 감격스럽고 값지다. 그냥 주어지는 것에서 어떤 감동을 느낄 수가 있을까.

누구라도 마음속에 간절히 바라는 바 하나쯤은 품어왔을 것이다. 앞으로 간절하게 이루고 싶은 소망도 있으리라. 대학합격을 간절히 바랐던 사람, 선생님 되기가 간절했던 이, 내 집 마련의 꿈이 간절한 사람, 사랑하나에 목숨을 걸었던 로맨티스트도 있을 것이다.

간절히 얻은 것이기에 그것을 지켜내기 위해 끊임없이 노력하고 역량을 키워나감은 자연스러운 삶의 모습이다. 아무리 더 높고 큰 것을 얻었다 할지라도 그저 어쩔 수 없는 선택으로 받은 것이라면 울림은 줄어들 뿐만 아니라 끝내 지켜내기도 어려우리라. 그런 것이 세상사의 이치가 아닐까.

나는 간절한 심정으로 문인이 되기를 바랐고 작가로 살아가는 삶을 자랑스럽게 생각한다. 그리하여 수필가의 꿈을 품은 이들을 문학의 길로 이끄는 지금 나의 일이 행복하다. 작가로서의 역량을 기르는 일이 쉽지 않지만 온힘을 다해 정성을 쏟고 있다. 내가 가장 잘할 수 있는 것이란 간절한 마음하나 전해주는 것뿐이다. 어설픈 강의보다는 문학을 대하는 진정성이 더 중요하다는 믿음 때문이다.

사실, 문학의 이론을 강의하고 소개하는 일은 크게 힘 들지도 않다. 추상적이고 논리적인 이론적 사유를 형상화된 예술적 사유로 바꾸고 의식전환을 하도록 다양한 자극을 주는 것이 창작지도의 핵심이다. 문학적 이론이 출중한 사람도 창작은 그에 미치지 못하는 경우를 보면 이론과 창작은 별개일지 모른다. 독자의 마음을 감동으로 흔들고 잠자고 있는 깊은 내면을 일깨우는 작품이라는 결과물을 생산해 내도록 역할을 해야 한다.

문학성과 비문학성의 차이는 무엇일까. 어떤 것이 문학작품이고 무엇이 문학작품이 아닐까. 문학과 일상의 차이를 정확하게 가르는 시금석이 무엇이란 말인가. 좋은 작품은 무엇이고 나쁜 작품은 어떤 것인가. 아직까지는 그 명확한 기준을 본 적도 그런 문학이론서를 읽은 기억도 나지 않는다. 도대체 그 것을 가르는 객관적이고 명징한 잣대가 있기는 할까.

예술의 본질은 몰입과 간절함이라 생각한다. 그 어떤 집단이나 개인의 이념에서 벗어나 양심에 따라 자유롭게 사유하고 몰입해있는 상태 말이다. 마음속에 있는 가장 간절한 소망 하나에 초점을 맞추어 온 정성과 진실을 다해 풀어놓는 의식 같은 것이기도 하다. 쓰지 않고서는 죽을 것만 같을 때 쓰라고 했던 어느 작가의 심경도 이런 간절함을 강조한 말이 아닐까 싶다.

강에 관한 글 한편 쓰기위해 강가에 수개월간 텐트를 치고,

계절이 바뀌는 강물의 내밀함을 살피며 자신과의 고독한 싸움을 통한 사유라면, 그 누구라도 경건해지지 않겠는가. 그런 간절함에서 문학작품의 가치와 격은 높아지고 예술성으로 이어지는 것이리라. 물론 좋은 사유는 기다림으로써 오는 것이 아니라, 좋은 깨달음이 올 때까지 기다리는 것이겠지만 말이다. 시간에 쫓겨 그냥 대충대충 미문 몇 개 포장한 글에서 문학성을 찾기란 어려울 것이다.

간절함과 몰입이 배인 작품이야말로 독자의 가슴에 감동의 눈물을 흘리게 하는 좋은 작품이라고 감히 생각해 본다. 이런 간절함은 결국 문학성과 이어지고 작가정신과도 연결되는 것이 아니겠는가.

진등재 문학제

오늘은 제9회 진등재 문학제가 열리는 날이다. 붉게 물든 낙엽이 절정에서 떨고 있고 구름 한 점 없이 맑고 따스한 11월 첫 주, 머릿골은 일 년에 한 번 맞이하는 손님맞이에 밤새 부산하게 뒤척이고 설레며 잠 못 이루었으리라.

진등재가 빤히 바라보이고 겹겹이 여울진 산들이 20리 밖까지 조망되는 생가 마당에서 여류문인이 낭랑한 목소리로 수필을 낭송하며 문학제의 막은 오른다. 바람은 소슬하고 새털구름 한 무리 풍요로운 가을산의 단풍 위로 유유히 흘러간다. 자연이 무대이자 장식이다. 오밀조밀 구불구불한 계단식 논은 척박하고도 가난했을 삶의 풍경이 그대로 느껴진다. 이런 곳에서 어떻게 사람이 살았을까도 싶다.

참여한 분들의 소개와 인사 말씀을 마치는 대로 동인지 『진등재수필』 9호 출판기념제를 지낸다. 진등재의 정기로 진등재수필이 나온 것에 대하여 천지신명께 감사드리고 모인 분 모두에게 행운과 문운이 창대하기를 기원하는 소박한 의식으로 문학제의 핵심이다. 이어 제9회 진등재 문학상 수상자를 시상하며 경기민요공연을 한 후 국밥, 수육, 홍어, 망개떡으로 막걸리 한 잔 나누며 늦은 식사를 한다. 우리 회원들 외에도 전 경남문협 회장, 의령문협 회장과 합천군의회 의장까지 60여 명이 한자리에 모여 문학으로 뭉치니 분위기는 더욱 내밀하고 따뜻해진다. 텅 빈 산골 마을에 이 정도의 많은 사람이 모일 수 있음은 분명 자연의 큰 힘이 끌어당긴 것이라는 생각이다. 식후에는 중견수필가의 문학 특강을 듣고 진등재 중허리길 걷기와 동네 한 바퀴를 돌아보는 것으로 문학제의 대미는 장식된다. 그냥 문학이라는 주제로 대자연을 무대삼아 순박한 사람들끼리 한바탕 어우러진 하루였다.

진등재는 내 고향 머릿골에서 초계로 넘어가는 고개의 이름이다. 유년시절에는 행정구역이 합천군이라 온몸으로 넘나들어야 했던 삶과 애환의 안부鞍部였다. 내가 대학 신입생 시절만 해도 아버지를 따라 초계장에서 소 한 마리를 팔고 진등재를 넘어오며 장밋빛 미래를 꿈꾸었던 대화들이 진한 울림으로 남아 있다. 지금은 사람의 발길이 끊어져 바라만 볼 수 있는 의령군과 합천군의 군계 능선이자 그 시리고 막막한 시절을 추억할 수 있는 그리움의 능선이 되었다. 진등재는 민초들의 거친 숨결과 삶의 희망이 녹아있는 역사의 현장이다. 그 애환의 땅 진등재가 문학의 성소와 희망의 상징으로 세상에 우뚝 서기를 바라는 마음에서 2015년, 나의 수필교실 문우들과 진등재문학회를 창립한 것이다.

짧은 시간 동안 우리 문학회는 눈부실 정도로 성장해온 것이 사실이다. 동인지『진등재수필』이 9회 이어 중단 없이 발간되었고, 진등재 문학상을 제정하여 9회 연속 수상자를 내고 시상했다. 또한 비영리 법인으로 국세청에 등록되어 공인단체로 인정받아 2018년부터는 경상남도와 경남메세나로부터 지원금까지 연이어 받을 만큼 객관적인 검증을 마쳤다. 60명의 정회원을 확보한 것도 큰 성과이지 싶다. 실로 기적 같은 일이 현실화한 것이다. 똘똘 뭉쳐 함께 이루어낸 우리 선생님 한 분 한 분에게 거듭 감사와 고마움의 마음을 전해 본다.

여기서 잠깐, 이쯤 해서 한 박자 쉬어가는 것이 순리이지 싶다. 그동안 어쩌면 혼자만의 생각으로 많은 사람을 이끌고 왔다는 생각도 든다. 급하게 앞만 보고 달려오다 보니 무리한 측면도 있었을 것이다. 지난 시간을 되돌아보고 차분하게 현실을 인정하며 냉정한 미래를 설계해야 할 때가 되었다고 본다. 무엇보다도 그곳 의령군 부림면 권혜리 상권 마을은 하늘과 맞닿아 있을 뿐만 아니라 더 이상 갈 수 없는 곳이라 교통이 너무나 험악하다. 행사장으로 사용하는 생가는 거친 잡초 속에 휑뎅그렁한 낡은 집 한 채와 작은 마당이 전부다. 사랑채를 헐고 주변을 확장했으나 기본적인 편의시설이 없다 보니 매사가 불편하기는 마찬가지다. 이제 양적인 팽창보다는 질적인 참여가 더 중요한 시점이 되었다고 생각된다.

문학 활동은 기본적으로 자유로워야 한다. 작가의 내면에서 우러나는 진정성이 우선이다. 진등재문학제도 예외일 수가 없다. 누구든지 편하고 자유롭게 참여하기를 바라는 것이 진심 어린 속내다. 작가의 길은 각자의 문학적 소명으로 자기의 뜻을 펼쳐가는 일이다. 그 서로의 길 위에서 단 한 명이라도 뜻이 맞아 함께 갈 수 있다면 행운일 뿐이다. 뜻이 같으면 조금 불편한 것은 문제가 되지 않을 것이다. 서로 마주 보고 부족한 것은 조금씩 보완하고 채워가면서 이루어가면 된다. 그런 과정에서 오히려 더 큰 기쁨과 성취감도 맛볼 수 있으리라 생각한다. 그렇게 더 단단하게 여물어질 수도 있을 것이다.

나는 진등재문학제가 지역 수필가들의 따뜻한 울타리가 되고 우리 시대 문학의 편한 사랑방으로 남기를 바란다. 도시 문명의 스마트함보다는 불편하지만 자연 그대로의 자유와 양심, 순리에 대한 순명과 열정을 최우선 본질로 삼는 문인들의 편안한 휴식처가 되는데 온 노력을 기울이고 싶다. 일시적인 글재주로 박수갈채를 받기보다는 조금 서툴고 부족해도 온몸으로 문학을 사랑하며 오래오래 흔들림 없이 묵묵히 걸어가는 욕심 없는 사람들의 축제가 될 수 있도록 작은 초석 하나 놓고 싶다. 그리하여 진등재문학제는 진등재에서 열릴 때 그 의미가 있는 것이라 믿는다. 이것은 피해 갈 수가 없는 숙명 같은 것이 아닌가도 싶다.

이 모든 꿈은 물론 나의 희망 사항일 뿐이다. 소망이 뜻대로 이루어지지 않을 것임도 잘 알고 있다. 그래도 내가 해야 할 소명의식으로 걸어갈 수밖에 없다. 나는 나의 몫만큼만 하면 된다. 그 이후에 대해서는 걱정하지 않는다. 걱정해서 될 일도 아니다. 뜻이 맞는 누군가에 의해 이어져도 좋고 아니어도 그만이다.

혹시 아는가. 백 년 후에, 아니 천년 후에라도, 우리가 남긴 문학을 사랑하고 오늘의 이 열정에 동의하여 우리가 하지 못한 문학적 여정을 이어갈 초인이 나타날지 말이다.

스승의 날 단상

5월이면 아카시아 꽃은 어김없이 피고 그 향기는 온 세상을 그리움으로 물들인다. 어렴풋이 피어나는 유년의 뜰과 가난했던 젊은 날의 서러웠던 추억들이 서걱이기도 한다. 그 모든 것들이 뒤범벅이 되어서는 가슴 깊이 묻어두었던 아문 상처들까지도 뭉클뭉클 기지개를 펴고 일어나는 계절이다. 그 5월의 중심에는 스승의 날이 있다.

오늘은 스승의 날이자 수필교실 수요반 강의가 있는 날이다. 5월의 풀냄새와 아카시아 향기를 가득 안은 채 교실로 들어서니 기다리고 있던 학생들이 따뜻한 미소로 정답게 맞아준다. 교실 뒤편에는 책걸상들을 가지런히 모아 놓고 노란 장미로 장식된 꽃바구니와 앙증맞은 케이크와 정성으로 우려낸 우전차까지 한상 가득 준비해 두었다. 분명 평상시와는 다른 분위기의 연출이다.

우리들은 둥글게 모여서 촛불을 밝히고 스승의 노래를 부르고 케이크를 자르는 순서로 작은 의식을 마친다. 이런 순간을 맞이하는 나의 심정은 정말 묘하기만 하다. 쑥스럽고 민망하기도 하고, 나를 가르쳤던 선생님들과 내가 가르친 학생들의 얼굴이 파노라마처럼 스쳐 지나간다. 분명한 것은 마음이 그렇게 편치만은 않다는 사실이다.

돌이켜보면 꼭 40년째를 맞이하는 나의 교직생활이다. 지나온 삶 속에서 배움과 가르침의 역정이 주마등처럼 펼쳐진다. 그동안 내가 배운 선생님들은 백여 분 이상 되고, 가르친 학생들은 수만 명도 더 될 것이다. 하지만 그 모든 선생님이 나의 스승이 될 수는 없고, 그 많은 학생들이 나의 제자가 될 수도 없는 일이다. 그것은 현실적으로도 불가능하다.

사제의 정은 각자 자유로운 선택에 따라 자연스럽게 이루어지는 것이 아닐까 싶다. 비록 처음에는 제도가 만들어 준 물리적인 만남으로 시작되지만 흐르는 시간 속에서 서로에게 각별한 존경심과 애정이 쌓여질 때 맺어지게 된다. 제도적으로 배우고 가르쳤다고 스승이 되는 것이 아니라 제자는 스승을 진심으로 존경하고 따라야 하며 스승은 그 제자를 인정하고 받아들여야만 한다. 교실에서 학생들을 가르쳤다는 이유만으로 그 모두의 스승이 될 수는 없다. 그들 중에서 나를 스승으로 생각하고 손을 내밀 때 그의 스승이 될 수 있다는 말이다. 이때 선택의 폭과 무게는 당연히 제자가 훨씬 더 많이 가지고 있음이다.

내가 스승으로 모시는 분은 두세 분 정도다. 초등학교 시절, 그 척박한 산골에 초인처럼 오신 20대 총각 선생님이 계신다. 60년대의 그곳은 분명, 문명의 혜택이 차단되었을 뿐만 아니라 외부 세계와는 단절된 고립된 세상이었다. 전교생 60여 명에 복식학급이었으니 무엇보다도 중학교 입학시험이 가장 큰 문제였다. 일 년에 겨우 한 명 정도 합격되었다. 그런 열악한 환경에서 나의 5학년 담임선생님으로 오서 졸업할 때까지 자식처럼 생활과 학업을 돌보아 주셨다. 선생님이 아니었더라면 나는 결코 중학교에 진학하지 못했을 것이다. 그때 만약 중학교 시험에 붙지 못했더라면 나는 그곳 산골에서 평생 지겟꾼이 되어 있었을지도 모른다. 선생님은 언제나 내 마음속의 커다란 버팀목으로 자리하고 계신다.

또 한 분의 스승은 나를 문학의 길로 이끌어주신 분이다. 선생님은 고매한 인품으로 언제나 제자들의 아픈 부분을 돌보시며 필요한 것을 챙겨주셨다. 자신감을 잃고 문학을 포기한 나를 부르서 문인의 길을 걷게 하셨다. 나는 청년시절 작가를 꿈꾸었지만 주변에 그 누구도 나의 문학적 역량을 인정해주지 않았다. 그러한 환경에서 오직 선생님만이 나의 글이야말로 미래를 열어갈 열정이 배인 작품이라며 격려와 함께 추천을 해주셨다. 그 기대에 부응하는 일이 쉽지 않지만 정성과 노력으로 오직 최선을 다하고 있다. 선생님이 계시는 곳이라면 시공을 초월하여 기쁘게 달려가고 따름은 인지상정이리라. 그런 스승을 모시는 지금의 삶이 행복하다. 건강하게 오래오래 함께 계서주기를 기원할 뿐이다.

문학의 길에서 만난 스승도 있다. 비록 나이는 나보다 적지만 당겨주고 밀어주며 무한정 신뢰를 보내며 나를 성장시킨 분이다. 스승이 되는 길에 학문과 인격이 중요하지 나이는 문제가 되지 않는다고 본다. 몸은 부모로부터 받았지만 지식과 정신은 스승으로부터 배우고 물려받았다. 내가 이 정도의 삶을 살아갈 수 있음은 분명 선생님들의 가르침 덕분이라고 생각한다. 스승님은 모두 나의 운명의 방향을 돌려놓으실 만큼 큰 영향을 주신 분들이다.

　나의 제자는 얼마쯤이나 될까. 나를 스승으로 생각하는 학생이 있기는 할까. 부끄럽지만 가끔 궁금할 때도 있다. 그래도 고등학교에서 33년 대학에서 13년 이상, 평생을 가르치는 일만 했는데, 나름대로는 간절한 마음으로 정성을 쏟아 많은 작가도 길러냈는데, 하고 위안을 해보기도 한다. 돌이켜보면 단 하루라도 가르치는 일 외는 해본 적이 없지 않은가. 하지만 아직도 나의 인품은 넉넉하지 못하고, 감정을 조절하는 힘은 미숙하며, 학문과 문학의 깊이 또한 출중치 못하니 따르는 제자가 있기는 하겠는가 싶을 때가 많다. 그러나 어찌하랴. 선택은 나의 몫이 아니니 말이다. 그냥 오늘처럼 이렇게 아카시아 꽃향기 흩날리는 날 소박하지만 정성이 밴 분위기로 스승의 노래를 함께 부르는 학생들이 있다는 사실만으로도 마냥 고마울 따름이다.

　때로는 나 혼자만의 사랑일지라도 내가 가르친 그 수많은 학생들이 내 마음속에 고스란히 남아 환한 미소로 손짓해줄 때도 있다. 5월의 푸른 하늘 사이로 아련한 그리움의 꽃향기가 코끝을 울컥 스치고 지나간다.

지리산 화랑의 숨결

잔설이 분분한 3월 1일, 독오당 산우들과 지리산의 대표적인 폐사지인 석남사石南寺지를 찾아 나선다. 이른 새벽 마산을 출발하여 내원사 주차장에 주차하고 장당골로 들어선다. 동식물 보호를 위하여 오랜 세월 금단의 계곡으로 묶어두었지만 도로는 잘 포장이 되어 있다. 몇 개의 계류를 건너며 굽이굽이 돌아서 올라간다. 고도가 조금씩 높아지자 길섶에는 하얀 설화가 한겨울처럼 소복하게 쌓여 반겨준다. 바깥장당 외딴집을 지나 도로가 끝나고 오른쪽 계류를 따라 장당골 깊은 곳으로 오르기 시작한다.

출발 3시간만인 고도 약 760지점에서 거대한 폐사지를 만난다. 석남사지다. 치밭목능선 1011봉에서 직선거리로 3백 미터 아래 지점이다. 치밭목능선은 치밭목대피소 앞의 비둘기봉에서 시작해 내원사 입구인 산청군 삼장면 대포리까지 남쪽으로 뻗어 내린 능선이다.

울렁이는 가슴을 애써 억누르며 주변을 찬찬히 둘러본다. 5천 평도 더 되어 보이는 광활한 대지에 3층으로 축대가 조성되어 있다. 기와 조각, 주춧돌, 우물터 등이 곳곳에서 나뒹군다.

기단석과 옥개석 탑신 등은 산산조각이 나서 여기저기 흩어져 있다. 도굴꾼들이 다녀간 흔적이 역력하다. 낙엽을 걷어내고 잘 다듬어진 옥개석을 쓰다듬어 보니 신라인들의 온기가 그대로 전해지는 듯 가슴이 뛴다. 수려한 석탑의 잔해도 사방으로 널브러져 있다. 탑신의 홈에는 물이 가득 고여 애잔한 마음을 더해준다. 전해지는 얘기로 이곳에는 법계사의 3층 석탑을 닮은 탑이 근세까지 건재해 있었다고 한다. 건물지의 흔적들이 거대하게 발견되며 대규모의 사찰이었음이 짐작된다. 혹자는 지금의 해인사보다도 더 큰 절이 이렇게 지리산 속에 고스란히 녹아 있다고도 말한다. 이 거대하고 구체적인 역사의 흔적 앞에서 아연실색할 뿐이다.

지리산 장당골에는 석남사지보다 더 선명한 신라시대의 유적지가 또 있다. 국보 2점이 발견된 관음암觀音巖불상터다. 오늘은 이 불상이 앉아 있었던 성지를 직접 목도하고 싶다. 고조되었던 마음을 잠시 가라앉히고 우측사면을 따라 20여 분 더 올라간다. 석남사지 우측 능선의 고도 865지점에서 멈춰서며 호흡을 가다듬는다. 양지바른 단애의 암반 위에 위치한 불상터를 만난다. 탄성을 지를 정도로 걸출한 풍광이 펼쳐진다. 지능선이 장당골을 향해 뻗어 내리다가 절벽을 이루는 능선 끝머리에 거대한 암반이 자리하고 있다.

천왕봉을 정면으로 마주하고, 발아래로는 장당골을 품으며 뒤로는 치밭목능선이 병풍처럼 휘두른다. 십여 평의 좁은 공간이지만 강한 지세가 느껴지는 명당이다. 바로 이 자리가 천왕봉을 바라보고 풍찬노숙을 하며 천년세월을 견뎌온 석불이 앉아 있던 현장이다. 이 석불은 현재 내원사 경내에 모셔져 있는데 그 이동 경위에는 슬픈 내력이 있다.

인근 석남리에 사는 주민이 1947년에 이곳에 나무하러 왔다가 이 불상을 발견하고 지게에 지고 반출해갔다. 그 후 10년 동안 집안에 보관해 오다가 내원사 중창 때 양도한 것이다. 이 석불 안에서는 뚜껑이 닫힌 사리호(사리함)가 나왔는데 한국전쟁 후 인근 대포리 사람이 목공예의 재료인 나무뿌리를 캐려고 장당골에 갔다가 발견했다. 그 후 진주 목공예제작소 등 여러 곳을 전전하다가 1981년 부산시립박물관에 입수되었다. 그러니까 이 석불과 사리함은 시차를 두고 각각 따로 발견되었다는 것이다.

사리호 몸통에는 136자의 이두문자가 해서체로 새겨져 있었는데, "766년 법승, 법연 두 스님이 젊어서 죽은 두온애랑 소년의 명복을 빌기 위해 석남사 관음암에 비로자나 석상을 안치한다"는 내용이다. 그 조성 연대와 내력, 안치된 곳의 지명, 인근 석남사의 창건 시기까지 추정해 볼 수가 있는 중요한 기록이다. 이 곱돌항아리가 발견되면서 여기 석조비로자나 좌상이 우리나라에서 가장 오래된 비로자나불이라는 것이 밝혀졌고 신라시대 비로자나불상 조성 연대를 8세기까지 끌어올리게 되었다.

지리산은 신라시대 화랑들의 수련장이었거나 순례지였음이 분명하다. 두온애랑은 화랑이며 젊어서 애석하게 죽었다. 아마도 지리산에서 훈련 중 사고를 당했음을 추정해 볼 수가 있다. 이에 그의 부모가 자식 잃은 슬픔을 이기지 못하여 석남사의 스님에게 부탁하여 이 불상을 조성, 안치한 것이다. 소년의 부모는 당시 최고의 상류 귀족층이었음이 분명하다. 적어도 이정도의 불상을 이 깊고 높은 지리산 속에 조성하려면 수많은 인력동원과 천문학적인 경비가 소요되었을 것이다. 보통 사람으로서는 감히 상상도 해볼 수가 없는 대공사가 이루어졌을 것임을 짐작해 볼 수가 있다. 이 사리함은 1986년 국보 제233호가 되었고, 석조비로자나불좌상은 2016년 국보 제233-1호로 승격되었다.

현재 내원사에 안치된 이 비로자나불상은 실제 사람이 앉아 있는 모습보다 약간 크게 보인다. 앉은키는 108센티이고 뒤받침대는 117센티다. 마을로 불상을 지고 올 때 무게를 줄이기 위하여 무릎 밑과 등 부분을 깨뜨려 원형이 크게 훼손된 점이 너무나 안타깝다. 거친 화강암이라 긴 세월 풍우로 심하게 마멸되어 눈 코 입 등 자세한 얼굴 모습은 남아있지 않으나 전체적인 모습은 세련되고 당당하다. 둥근 얼굴은 부피감이 풍부하며 8세기 불상의 특징을 잘 보여준다. 상체는 건장한 모습으로 자연스러운 가슴, 허리의 굴곡, 어깨나 팔의 부피감 등을 사실적으로 잘 표현했다. 당시 최고의 명장이 조각했음이다.

세상에 영원한 것은 없는 법인가. 세월이 흐르면 육신은 한 줌 바람으로 스러질 것이고 영혼이 있다 해도 언젠가는 소멸되고 말 것이 아닐까. 갑자기 천 길 나락에 떨어진 것 같은 공허함이 밀려온다. 우리도 이렇게 살다가 흔적도 없이 사라질 존재가 아닌가. 그래도 이 순간을 영원이라 생각하며 살아야 하리. 두온애랑의 영혼을 생각하며 술 한 잔 부어 올리고 천왕봉을 향하여 몇 번이나 절을 하고 관음암을 떠난다. 바로 위 장당능선을 넘고 안장바위를 지나 초정골로 하산하여 평촌마을에서 8시간의 산행을 마친다. 긴 하루해가 저무는 시간이다.

66세 즈음에

내 나이 66세가 되는 4월의 첫날이자 월요일 아침이다. 올해
는 봄이 일찍 와서인지 도로마다 하얀 벚꽃이 뭉게뭉게 피어
오르고 백목련 자목련 산수유 등의 봄꽃들도 다투어 피어서
청년시절처럼 마음 부풀게 한다.

오늘은 경남대학교 학부생을 대상으로 하는 「수필문학 창작
론」 3시간 강의가 있는 날이다. 수필이 대학의 정규교육과정
으로 들어간 것은 스마트시대라는 현실과 미래사회의 틀에 맞
는 문학양식으로 수필이 인정되었다는 점에서 수필계의 작은
경사라 할만하다.

향후 4학기 동안 청년작가아카데미의 정책 교과목으로 선정
되었다는 점에서 더욱 의미 있는 일이 되었지 싶다. 때문에 어
깨가 무겁고 커다란 책임감을 느끼지 않을 수가 없다. 비록 나
의 역량은 미미하지만 가지고 있는 지혜를 다하여 모교와 후
배를 위하여 아낌없이 봉사하리라 다짐해 본다.

화, 수, 목요일은 경남대 평생교육원 수필교실 수업이 하루 3
시간씩 기다리고 있다. 이번 학기도 60명이나 되는 선생님들
이 등록을 하여 문학을 향한 꿈을 불태우고 있다. 종합과정,

기초과정, 책쓰기과정으로 운영되는데 수업 분위기는 대학생 못지않게 진지하고 열정적이다. 미등단자는 등단을, 등단작가는 책 한 권을 낸다는 분명한 목표 때문인지 가끔은 고3 교실을 연상시킬 정도의 열기를 뿜어내기도 한다.

그만큼 앞만 보고 달려가고 있다는 말이기도 하다. 그렇지만 문학하는 사람들이 어찌 인간적이고 낭만적인 멋을 체득하지 않아서야 되겠는가. 때로는 고달프기도 하지만 수업을 마치면 지중해로 달려가 생맥주를 마시고, 봄가을 문학기행을 하고, 문학 봉사에도 참여하며 우의를 다지고 다양한 이벤트를 만들어 간다.

금요일 하루만은 강의도 일정도 없다. 해가 중천에 솟아오르도록 늦잠을 자고 11시쯤에 아침 겸 점심을 먹는다. 집에서 먹을 때도 있지만 주로 아파트 근처에 있는 식당으로 내려가 추어탕이나 된장찌개를 먹는다. 기분이 내키는 날에는 집 뒤의 망루를 넘어가 서원곡 입구의 설렁탕집에서 도가니탕으로 해결하기도 한다. 가끔은 북면의 온천으로 달려가 마금산을 오르고 온천욕으로 피로를 풀고 오는 날도 있다. 이렇게 한가로워도 되나 싶을 정도로 자유로운 생활이다.

오후에는 나름대로 체력관리를 하는 시간이다. 평생 해왔던 대로 유일한 운동은 산을 타는 일이다. 몇 년 전만 해도 가끔은 무학산 정상도 오르곤 했는데 올해는 일주에 한두 번 학봉 코스를 올라갈 정도다. 학봉도 언제까지 오를 수 있을지 공연히 불안하고 걱정도 된다. 한 해 한 해 체력의 정도를 조금씩 느낄 수가 있으니 말이다.

토요일은 합천의 '이주홍 어린이문학관'에서 강의가 있다. 차를 몰고 장거리 주행을 해야 하므로 긴장되지 않을 수가 없다. 일곱 시쯤 일어나 아침을 챙겨 먹고는 아홉 시 정각에는 어김없이 출발해야 한다. 작은 인연으로 시작되었지만, 어느새 3년째 오르내리는 일상이 되었다. 어떨 때는 찌든 일상을 툭툭 밀어내고 사계절 변화하는 자연의 환송을 받으며 합천으로 씽씽 달려가는 시간이 기다려질 정도다.

합천군 초청으로 수필특강을 하는데 무려 35명이나 등록하여 열기를 고조시킨다. 문화혜택을 누리기가 쉽지 않은 농촌 지역이기에 적극적으로 참여하며 서로 간의 우정도 끈끈한 편이다. 구성원 역시 다양하다. 12시에 수업을 마치고는 그곳 선생님들과 어김없이 점심식사를 하고 내려온다.

마산 집에 내려와서도 올해는 일이 하나 더 생겼다. 손녀 서정이가 3학년이 되어 성당에서 첫 영성체를 위한 교리를 받기 때문이다. 교리 후에는 함께 미사참례를 한다. 아프리카 속담에 한 아이를 키우는 데는 온 마을이 필요하다는데, 우리도 서정이가 가는 곳이라면 온 가족이 모두 힘을 모으려고 애쓴다. 그렇게 한 주일의 일과를 접는다. 이 같은 스케줄은 공식적인 일정일 뿐이다.

무엇보다 작가로서 작품 활동을 해야 하고, 지리산에도 가야 하고, 사람도 만나야 하고, 개인적인 모임에도 가야 한다. 특별히 지난 2월에는 1박 2일 서정시학회가 있었고, 3월에는 문우들과 머릿골에 나무를 심었고, 5월에는 경주로 가는 문학기행이 기다리고 있다. 올해 스승의 날에는 대학 동기들이 모여서 은사님을 찾아뵙고 세배를 드리자는 약속도 해두었다. 이외도 내가 속한 문학회마다 정기모임과 문학제 등 다양한 행사들이 기다리고 있으며 회원으로서 참가하는 것은 의무다. 어떤 토요일은 행사가 다섯 개나 겹치기도 한다.

혹자들은 말한다. 퇴직 후의 바쁜 일상이 얼마나 선택된 일이냐고. 은퇴를 하면 갈 곳이 없어 괴로운데 현역시절 못지않게 지내고 있으니 행복한 일이 아니냐고. 모두 다 맞는 말이다. 그런 의미에서 나는 운이 참 좋은 사람이라고 생각한다.

현대는 아주 치밀한 경쟁 사회다. 추상적이 아니라 구체적인 경쟁에서 살아남아야 한다. 아무리 봉사를 하고 싶어도 나를 필요로 할 때 가능하다. 나를 선택해 주는 신청자가 없으면 강의도 할 수가 없다. 생각해보면 냉혹한 경쟁이 아닌가. 그냥 적당히 일하고 날짜만 되면 월급을 받던 시절은 온실 속의 꽃이었다.

이런 생활이 언제까지 계속될지는 모른다. 건강이 허락하고 필요로 하는 곳이 있는 한은 바쁜 생활이 계속될 것이다. 그렇다고 지금 나는 누군가와 경쟁하고 싶지는 않다. 설령 한다 해도 이기고 싶은 마음은 조금도 없다. 그냥 만나는 한 분 한 분에게 순일한 마음으로, 정성을 다하여, 가식 없이 교류하며, 가진 것을 나누고 싶을 뿐이다. 그렇게 마음 가는 대로 천성을 다하며 하루하루를 살고 싶다.

젊은 날의 엽서 한 장
— 김정대 형에게

봄꽃이 눈꽃처럼 흩날리는 3월 하순의 어느 저녁 무렵이다. 낮에 다녀온 무학산의 진달래꽃 향기에 취한 그 황홀한 순간에 카카오 톡의 요란한 소리가 적막을 깨트린다. 김정대 형이 사진 몇 장을 전송했다. 우편엽서를 앞뒤로 찍어 보냈는데 자세히 살펴보니 내가 대학 1학년 여름방학 때 형에게 보낸 것이다. 눈이 번쩍 뜨였다.

엽서를 보낸 주소는 합천군 적중면 권혜리로 되어있고, 형이 받는 곳은 마산시 상촌동 292번지다. 약 50년 전의 기억들이 파노라마처럼 소환되기 시작한다. 너무나 까마득한 시간이지만 어제처럼 선명한 기억들이 머릿속을 채운다. 그곳은 지금도 변함없지만 주소지의 명칭은 모두 바뀌었다. 합천군은 의령군으로 상촌동은 창원시 창원대학교부지로 편입되었다. 상전벽해 그 이상이 된 것이다. 엽서에는 구불구불 흉내 내기도 민망한 나의 악필로 대충 이런 내용이 적혀있었다.

"형, 나의 방학이 시작 되는가 봅니다. 모든 아름다운 계획을 나름대로 세워보았습니다만 잡초에 파묻힌 논과 밭을 외면해 버릴 수는 없는 것 같습니다. 씨름해야죠. 한 학기 동안 형이 나에게 베푸신 은혜는 잊지 못할 것입니다. 더욱더 노력해야죠. 만인을 능가해야죠. 저녁 해가 서서히 서산에 기웁니다. 건강하세요."

대학에 입학하여 첫 방학을 맞이하여 고향 머릿골로 올라가 형에게 쓴 것이다. 방학이지만 부모님을 도와 논밭에서 땀 흘리며 농사일을 도와야 한다는 것, 그동안 형에 대한 고마움, 열심히 노력하여 언젠가는 만인을 능가해야 한다는 잠재의식이 표출되어 있었다.

그동안 잊고 지내왔던 대학 신입생 스무 살 그 시절이 꽃구름처럼 피어오른다. 그때도 내가 의지할 곳이라고는 척박한 고향땅 머릿골뿐이었다. 그곳에 부모님이 살고 계셨다. 부모님은 나의 학비를 위하여 온몸을 희생해서 농사를 짓고 가축을 키웠다. 나는 틈만 나면 고향으로 달려가 일손을 도와야만 했다. 여름에는 논밭에서 김을 매고 겨울방학에는 지게를 지고 산에서 땔나무를 했다. 돈을 만들기는 정말 어려웠다. 그러니 대학의 첫 방학을 맞이했지만 즉시 고향으로 달려가야만 했으리라.

나의 대학 시절은 너무나 가난했다. 먹는 것과 입을 것에 연연했으며 잠자리가 걱정이었다. 교과서를 마음대로 살 수 없었으니 용돈은 언제나 궁하고 부족했다. 밥만 먹는 조건으로 입주 아르바이트를 시작했는데 3학년부터는 자취생활로 바꾸었다. 그런 역경 속에서도 언제 어디서나 자신감 하나만은 넘쳐났다. 아마도 대학생이 되었다는 자부심, 졸업 후에는 노동의 대물림을 끊는다는 희망, 무엇보다도 교사가 된다는 꿈은 그 어떤 난관도 장애가 될 수 없었을 것이다. 그 누구 앞에서도 당당했고 기죽지 않았다. 도대체 그런 열정과 힘이 어디에서부터 비롯되었는지는 지금도 신기할 뿐이다.

형은 눈물 없이 볼 수 없다며, 내가 군 생활을 할 때 보낸 편지 몇 통도 더 전송해 주었다. 1977년 1월에 입대 후 논산훈련소에서, 강원도 포병 지휘소대 일등병 시절, 군 복무를 마치고 고향에서 복학 준비를 할 때 보낸 것이었다. 웃음과 눈물이 교차된다는 군 생활이야기, 학보사와 후배들에 대한 그리움, 진로 선택 문제, 미래에 대한 불안감 등의 내용이 빼곡히 담겨있었다. 그 아프기만 했던 시절이 뼈에 사무치도록 그리웠다. 형은, 당시 의리 있고 의욕 넘치며 정 많았던 인간 백남오를 보는데 더없이 좋은 자료라며 선한 웃음까지 보내 주었다. 후배의 편지를 50년 동안 보관하고 있는 형이야말로 얼마나 인간적이고 미래지향적인가를 보여주는 증거가 아니겠는가.

정대 형은 국어교육과 한 학년 위이자 학보사 1년 선배다. 우리는 학보사에서 처음 만났다. 나는 대학 입학 후 처음으로 활동한 곳도 학생기자였지만 결국 대학 생활 전부를 학보사에서 보냈다. 입사 당시 한 해 선배로는 세 분이 있었는데 모두 개성이 강했다. 논리 없는 보스 형으로 자기 뒤로 줄을 세우려는 사람, 약간의 낭만과 지적으로 보이는 여학생, 그리고 정대 형이었다. 우리는 정대 형을 따랐다. 형의 첫인상은 매사에 진지하고 성실했다. 마음도 여리고 정도 많았다. 그럼에도 윗사람으로부터 사랑받지 못하는 게 이상했다. 회색 얼룩무늬 교련복을 입고 혼자서 힘들어하는 모습을 자주 보았다. 우리 모두 미래에 대해서는 상상할 겨를도 안목도 없었다.

그때는 권위주의 시대였다. 글도 잘 써야 하지만 명령 복종

이 더 중요했다. 선배는 곧 하늘이었다. 대열에서 이탈하면 능력 같은 것은 문제가 아니었다. 정대 형은 원칙주의자였고 소신도 분명했다. 아닌 것은 아니었다. 그러니 윗사람과 충돌할 수밖에 없었고 조직에 적응이 어려웠다. 우리는 정대 형 편이었고 형을 옹호했다. 형이 학보사를 떠나면 우리도 함께 나가겠다고 응수했다. 그런 인연이 50년의 세월을 이어왔다. 형은 가끔 사석에서 그때의 고마움을 표하며 추억에 젖기도 한다. 그렇게 우리는 인생의 힘든 고비마다 서로를 격려하며 함께 살아왔다.

이후 정대 형은 학보사의 편집장, 직원, 주간을 몇 번이나 거치면서 대학의 역사가 되었다. 모교의 교수로 임용되어 문과대학장으로 정년퇴임을 하고 명예교수가 되었다. 퇴임 후도 국어학자로서 방언 연구와 사전편찬 등 분주한 나날을 보내고 있다. 대단한 집념이자 인간승리가 아닐 수 없다.

형이 보낸 엽서를 몇 번이나 바라보면서 마지막 부분의 '만인을 능가해야죠' 란 표현에 자꾸만 눈길이 머문다. 그러면서 깊은 생각 속으로 빠져든다. 그때부터 내 안에는 어떤 한 분야에서라도 최고가 되어야 한다는 각별한 무의식이 잠재되어 있었다는 사실에 깜짝 놀란다. 형은 내게 모든 것이 이루어졌다고 격려해 주었지만 형 역시 그 이상이다. 그러한 집념이 지금 이 순간, 50년 전의 그날을 생각하며 글 한 편 쓸 수 있는 행복이 아닐까 싶다. 그 젊은 날의 우정처럼 서로를 바라보며 남은 날도 변함없이 함께 가기를 소망해본다.

고해소 앞에서

하느님, 이 죄를 어찌하라 하십니까. 이 많은 죄를 어찌 다 말하라 하십니까. 아침에 눈 뜨면서부터 잠들 때까지 죄 아닌 삶이 없습니다. 저는 분명 그렇습니다. 생각과 말과 행위로 많은 죄를 지었으며 의무 또한 소홀히 하였습니다.

한 분이신 하느님을 제대로 흠숭하지 않았습니다. 때로는 하느님이 아닌 부처님도 조상님도 의지하며 힘겨운 삶의 언덕을 넘어왔습니다. 고통스럽고 소망이 있을 때만 하느님의 이름을 감히 불렀습니다. 주일이 되면 미사참례가 밀려나며 현실적 삶을 선택했습니다. 부모님 살아계실 때 깊은 내면은 외면한 채 감상적 이기심으로 바르게 효도하지 않았습니다. 무엇 하나 제대로 지킨 것이 없습니다.

그뿐만 아닙니다. 나보다 나은 사람을 은근히 시기하고 질투한 죄, 인정해 주지 않는 사람을 폄훼한 죄, 교회를 회의한 죄, 이기심으로 가득 찬 죄, 작은 손해라도 입힌 사람을 용서하지 못하고 증오한 죄, 헤아리기가 어렵습니다. 또 한 제가 얼마나 교만하고, 무지하고, 세상을 편파적으로 해석하고 있는지도 문제가 될 것입니다. 무엇보다 진심으로 회개하지 않는 죄가 얼마나 엄중하겠습니까.

더구나, 더더구나 말입니다, 하느님. 삶의 과정에서 어여쁜 사람이라도 눈에 들어올 때면 흘깃흘깃 곁눈질하며 복잡한 계산법으로 여러 가지 상상을 한 죄도 고백하지 않을 수가 없습니다. 때로는 부지불식간에 마음속 깊이 들어와 버린 이가 있다면 무심결에 얼마나 깜짝 놀랐겠습니까. 많이 혼란스럽습니다. 사랑의 의미도 정의도 흔들릴 때가 많습니다.

사랑만이 세상을 움직이는 힘이라고 믿으면서도 사랑 때문에 아파해야 한다면 그 역설의 의미를 어떻게 받아들여야만 합니까. 가식과 본질의 경계에서 망설이고 갈등해야 하는 나약함을 어찌해야 좋습니까. 그럼에도 거짓보다는 진실을, 껍질보다는 본질을 선택해야 한다며 강변하고 있으니 말입니다.

이제 와 돌이켜보니 하느님, 정말로 잘한 것이라고는 없습니다. 첩첩 두메산골에서 태어나 극한의 삶을 이겨냈다는 자만심으로, 그 누구의 도움도 없이 오직 혼자만의 노력으로 여기까지 왔다는 아집으로, 내 생각과 판단만이 옳다는 독선으로 주변을 돌보지 못하고 자신의 생존만을 지켜왔습니다. 그냥 하염없이 눈물만 흘러내릴 뿐입니다. 거짓말 같지만, 지금부터라도 봉사하며 따뜻하게 살고 싶습니다.

사랑이신 하느님. 올해도 어김없이 성탄절을 앞두고 가톨릭 신자로서 의무를 위해 고해소 앞에서 울먹입니다. 이렇게 많은 착한 사람들이 고해성사를 보려고 긴 줄을 서 있는 모습이 감동입니다. 그 대열에서 기다리는 순간의 마음이 아리고 아프기만 합니다. 그동안 지은 죄를 생각해내고 그것을 구체적으로 고해야만 죄를 사할 수 있다고 배웠습니다. 그런데 하느님, 두렵습니다. 그 무수한 죄를 생각해내지 못할뿐더러, 조목 조목 설명하기에는 장벽들이 너무나 많습니다. 그렇게 죄를 고하는 과정에서 또 다른 죄를 짓는 일도 있었으니 말입니다.

그렇지만 하느님, 변명 같지만 이 말씀만은 꼭 드리고 싶습니다. 저는 사립 고등학교에서 33년을 평교사로 근무하며 제가 가지고 있는 모든 능력을 후회 없이 쏟았습니다. 사학재단의 인사권자는 이사장이고 이사장의 자녀가 관리자인 경우라면 그 힘은 넘쳐납니다. 그분들이 정의로운 심성으로 교사를 아우르고 편견 없는 인사권이 행사되기를 기도했습니다. 실력 있고 아이들을 열심히 가르치는 교사가 인정받고 대접받아야 함은 당연한 일이 아닙니까. 그렇지만 세상은 당연한 대로만 흘러가지는 않았습니다.

저는 살아오면서 저보다 약한 자를 억누른 적은 없습니다. 직위와 힘을 이용하여 약한 사람을 탄압하며 교묘한 방법으로 괴롭히지는 않았습니다. 교사 시절에도 공부 잘하고 남 앞에 나서는 아이들보다는 뒤에서 고개 숙인 소외된 아이들에게 더 많은 관심과 사랑을 주었습니다. 약자가 당하는 부당함에 아파하며 저항의 눈물을 흘렸습니다. 힘없는 자가 받는 고통이 가장 슬펐습니다. 지금도 변함없는 진실입니다.

사람을 얻는 것은 마음을 얻는 일이라 믿습니다. 힘 때문에 고분고분하고 따른다면 힘이 빠질 때는 모두 떠나가게 됨은 인지상정입니다. 좋은 사람이 보일 때면 그의 마음을 얻기 위해 노력했습니다. 상대를 완전한 인격체로 배려하고 진심으로 존중해 줄 때 마음을 열게 되더군요. 그것도 일시적이 아니라 지속적이어야 했습니다. 그래야 그이의 마음을 얻을 수가 있었습니다.

긴 상념들 끝에 드디어 저의 고백 차례가 되었네요. 사제님 앞에 경건히 무릎을 꿇습니다. 신부님께서는 "하느님의 자비를 굳게 믿으며 그동안 지은 죄를 사실대로 고백하십시오."하시며 맞아주십니다. 순간, 그동안 생각했던 모든 죄 들은 혼미해지고 그냥 머릿속이 하얘지며 횡설수설만 합니다. 마음속 깊이 묻어둔 죄목들은 변죽도 울리지 못한 채 고백을 끝냅니다. 하느님, 비록 직접 고하지는 못했지만 생각해낸 모든 죄를 사하여주십시오. 그렇게 허겁지겁 고해소를 빠져나옵니다. 마치 세상 사람들이 나의 죄를 모두 다 들여다보고 있는 것처럼 허둥거립니다.

어찌 성사 한 번 봤다고 모든 죄가 용서되겠습니까. 그래도 마음은 편합니다. 하느님의 자비를 믿습니다. 기적 같은 신비로움입니다. 성사 이후의 마음은 천양지차로 가볍습니다. 이런 평화를 영원히 누릴 수는 없을까요. 정말이지 죄 없는 삶을 실천해보고 싶습니다. 이 불쌍한 영혼을 부디 은총으로 거두어주소서.

운명

살아온 날들을 돌이켜 조용히 생각해 보면 나의 의지와는 별개로 걸어온 삶에 대하여 깜짝 놀랄 때가 많다.

내가 걸어온 길, 나름대로 아등바등 발버둥 쳐 보았으나 결국은 나의 의지와는 머나먼 삶이 아닌가 싶다. 그 많은 학교 중에서 무학여고에서 평생을 근무하게 된 것도 그러하거니와, 아내를 만나 가정을 꾸리게 된 것도 마찬가지다.

사범대학을 입학하던 시절 나의 꿈은 훌륭한 국어교사가 되는 것이었다. 그 후 대학생활을 하며, 학생 기자로서 신문기사의 작성에서부터 편집 제작에 이르기까지, 전 과정에 참여하며 그 생활에 많은 매력을 느꼈다. 그래서 졸업할 당시에는 아예 직업을 신문기자를 선택할까 하는 갈등을 겪기도 했다. 사실 그 당시 나의 확고한 결정만 내렸다면 갈 수 있었던 신문사도 있었다. 하지만 나는 교사와 신문기자, 둘 중 하나를 선택하는 과정에서 교사의 꿈을 포기할 수가 없었다.

내가 다닌 대학은 사립대학이어서 공립학교에 발령을 받으려면 도교육청에서 실시하는 순위고사에 합격해야만 했다. 나의 대학 4학년은 10.26 박정희 대통령의 시해 사건이 일어난

어수선한 해였는데 그 틈새에서 순위고사를 준비했다. 그 해는 예년에는 없었던 부산시교육청에서도 국어과 순위고사가 실시되는 행운을 얻기도 했다. 주위의 분위기는 부산 시험은 합격하기가 매우 어렵다는 여론이 지배적이었다.

하지만 나는 그해 겨울 부산교육청, 경남교육청에서 실시한 순위고사에 모두 합격하였다. 그것도 놀랄 정도로 상위권 서열에 나의 이름이 등록되었다. 여기서 다시 두 교육청 중에서 하나를 결정해야 하는 어려움을 겪게 되었는데 결국 부산을 포기했다.

그즈음 대학을 졸업하고 합천의 시골집에서 발령을 기다리고 있던 3월 중순 어느 날 국어과 은사님이신 S 교수님으로부터 전화가 걸려 왔다.

"학교 문제로 의논할 일이 있으니 마산으로 한번 내려오라"는 내용이었다.

교수님과 독대한 자리에서 교수님께서는

"ㅇㅇ고등학교와 마산여상에서 국어교사 자리가 났는데, 가능한 마산여상을 선택하여 부임하는 게 어떻겠느냐"는 요지의 말씀을 하셨다. 교수님의 평소 지론은 공립주의자이신데 그 학교는 모두가 사립이었던 것이다. 그것도 마산여상은 실업학교에 여자학교가 아니던가. 나는 공립학교에 부임하여 교감도 해보고 교장도 하고 싶었다. 그리하여 그 자리에서 거부 의사를 밝히고 집으로 일단 올라왔다. 그로부터 십여 일 후에 경남교육청으로부터 기다리던 발령을 받았다. 거제 동부중학교였다.

발령장을 받아들고 S 교수님 댁에 인사차 들렀다. 그날 저녁 교수님 댁에서 밤새 술을 마시며 다시 이야기는 이어졌다. 그리고는 결국 공립학교를 포기하고 운명의 마산여상으로 결정되는 순간이기도 했다. 지금의 교명은 무학여고로 바뀌었다. 내가 생각을 바꾼 이유는 대강 이러하다.

교수님 왈,

"무학여고는 교장 선생님의 교육관이 남다르신 분이시다. 자네의 꿈을 충분히 펼칠 수 있을 것이다. 그리고 몇 년 후면 대학원에 가서 공부를 더 할 수도 있다. 앞으로 이삼십 년 후면 공사립의 개념도 없어질 것이라 생각한다. 무엇보다 중요한 것은 지금 무학여고는 자네를 필요로 하고 있다. 공립학교에서 평생을 옮겨 다니는 삶보다도 시내 한자리에 정착하여 평생 고등학교 교사로 근무하는 것도 괜찮을 것이다"

등등의 내용이었다. 나는 교수님의 말씀을 받아들이기로 했다. 나보다 인생을 더 사신 분, 지혜와 경륜이 높으신 분, 무엇보다도 제자를 사랑하시는 분, 그러한 이유만으로 나는 그분의 뜻을 거부할 수가 없었다. 운명이 결정되는 순간이었다.

그리고 1980년 4월 1일 자로 마산무학여고에 부임했다. 그렇지만 부임 이후에도 사립학교 생활의 마디마디에서 공립학교에 대한 강한 미련을 버릴 수가 없었다. 결국은 교감도 한번 못 해보고 정년을 5년이나 앞두고 명예퇴직을 한 후 대학교수로 자리를 옮겼다. 그렇게 요동치던 모습을 보지도 못한 채 교수님은 고인이 되셨고 당시 교장 선생님도 자리에서 밀려나고 말았다. 인생무상을 느끼지 않을 수가 없었다. 옛시조의 '산천은 의구하되 인걸은 간 데 없다'라는 구절이 딱 맞다.

나는 스스로를 이렇게 달래곤 한다. 그 인연으로 사랑하는 아내를 만났고, 가정을 꾸미고, 딸도 낳고, 아들도 얻고. 또한 지리산을 만나지 않았는가. 가끔 아내에게는 이렇게 말한다.

"내가 당신을 만난 것은 순전히 무학여고의 인연 때문이지요. 나의 첫 부임지가 만약 동부중학교였다면 지금의 내 아내는 당신 아닌 다른 사람이었을 것은 분명한 사실이지 않을까요"

아내는 이렇게 대답을 한다.

"당신이 만약 나를 만나지 않았더라면 지리산과의 인연은 맺을 수 없었을지도 모르지요"

맞다. 그것은 사실이다. 내가 아내를 만나지 못했더라면 지리산과는 인연이 닿지 않았을지도 모른다. 그렇다면, 작가의 길을 아예 내려놓았을 수도 있을 것이다. 나는 지리산으로 등단한 작가가 아닌가. 내가 작가가 아니었더라면, 대학교수라는 직위도 얻기가 어려웠을 것이고, 그 수많은 등단 작가를 길러내는 것은 불가능했을 것이다. 그렇다면 70을 넘기고서도 현역에서 활동하는 일은 더욱 상상하지도 못할 것이다.

운명의 힘이란 이렇게도 오묘한 것인가. 개인의 의지로서는 도저히 가늠할 수가 없으니 더욱 그러하다. 지금 다시 그 선택의 순간으로 돌아간다 해도 나는 어느 길을 선택할 것인지 명확한 해법이 없다. 그러니 어느 것이 정답이고 옳은 선택인지 아직도 아리송하기만 하다. 역사는 만약이 없고 인생길은 되돌아갈 수가 없다는데 말이다.

한국적 여심

우리는 우리의 것을 너무 잊은 채 살아가는 것은 아닐까. 언제부터 이 땅에는 이렇게도 외래의 문물이 깊이 뿌리를 내렸는지, 지나칠 정도로 우리 것을 잊어가고 있는 안타까운 현실이다.

누가 뭐래도 우리는 한국 사람이다. 한국 사람이라고 내세울 것이 무엇인가. 그것은 혈관 속에 한국인의 사상과 정서가 흐르고 있다는 사실이다. 한국적인 정서란 무엇인가. 고전 속에 나타난 여인상을 살펴보면서 생각해 보기로 한다.

「공무도하가」에 나타난 여심

조선 땅 뱃사공 곽리자고가 새벽 일찍, 나루터에서 배를 손질하고 있는데, 머리가 흰 미치광이가 머리를 풀어 헤치고 술병을 가지고 물속으로 뛰어 들어간다. 그 뒤에는 그의 아내가 뛰어오며 남편을 붙잡으려 하나, 남편은 결국 물에 빠져 죽는다. 지켜본 아내는 가지고 있던 공후라는 악기를 연주하면서 노래를 불렀는데, 한없이 구슬펐다. 연주를 마친 아내도 남편을 따라 물속으로 뛰어든다. 그 노래가「공무도하가」다.

公無渡河(공무도하) 公竟渡河(공경도하)
墮河而死(타하이사) 當奈公河(당내공하)

님이시여 그 물을 건너지 마오. 님은 기어이 물속으로 들어가시는군요.
아, 님은 이미 물에 빠져 죽으셨네. 님이시여 나는 어찌하란 말입니까.

중국 문헌인『고금주』에 전하는 이 작품을 두고 우리나라에서 가장 오래된 민요가 한문으로 정착된 것이라 추정한다. 신화 속에 묻혀 있는 아득한 옛 노래다. 보는 이에 따라 여러 해석도 가능하겠으나 필자 나름대로 상상력을 동원하여 자유롭게 음미해 본다.
「공무도하가」는 한국적 여심을 노래한 최초의 작품이다. 오직 한 사람만의 님을 따르려는 정열의 여심이다. 이 작품에서 〈公無渡河〉는 님에게로 향한 강력하고도 애절한 마음이며 어떠한 일이 일어나도 이별만은 있을 수 없다고 호소하는 안타까운 여심이라 볼 수 있다. 〈公竟渡河〉는 그렇게도 애절하게 이별에 대한 항거를 했건만 사랑하는 님은 기어이 물속으로 들어가는 장면이다. 여인으로 하여금 어쩔 수 없는 체념으로 몰아넣고 있다.
〈墮河而死〉에서 님은 결국 죽고 마는 것이며 이는 앞 행의 체념을 더욱 굳게 만든다. 그것은 바로 여인도 님을 따라 죽어야 한다는 모진 결의로 나타나며, 이는 곧 실천으로 옮길 수 있는 용기까지 겹쳐 있다. 그래서 결국 〈當奈公河〉에서 나는 어찌하라고 라는 말을 마치기가 무섭게 님을 따라 죽음을 선택하는 장면이다.

이 작품의 시대적 배경은 아직도 이 땅에 유교적인 실천윤리에서 말하는 정렬의 교훈이 들어오기도 전이다. 이렇게 본다면 우리네의 여심은 선천적으로 사랑하는 사람이 죽으면 자기도 따라 죽어야 한다는 마음이 이미 체질화되었는지도 모를 일이다. 이러한 한국적 여심이 이후에 많은 문학 작품들을 통해서 오늘날까지 면면히 이어져 오고 있다.

「서경별곡」에 나타난 여심

『악장가사』에 전하고 있는 「서경별곡」의 전문을 현대어로 옮겨본다.

> 서경이, 아즐가 서경이 서울이지마는
> 위 두어렁셩 두어렁셩 다링디리
> 닦은 곳, 아즐가 닦은 곳인 소성경을 사랑하지마는
> 위 두어렁셩 두어렁셩 다링디리
>
> (임을) 여의느니, 아즐가 여의느니 길쌈하던 베 버리고라도
> 위 두어렁셩 두어렁셩 다링디리
> 사랑하신다면, 아즐가 사랑하신다면 울면서라도 쫓으리이다.
> 위 두어렁셩 두어렁셩 다링디리
>
> 구슬이, 아즐가 구슬이 바위에 떨어진들

위 두어렁셩 두어렁셩 다링디리
끈이야, 아즐가 끈이야 끊어지리이까? 나난
위 두어렁셩 두어렁셩 다링디리
천년을, 아즐가 천년을 외로이 지낸들
위 두어렁셩 두어렁셩 다링디리
믿음이, 아즐가 믿음이 끊어지리이까? 나난
위 두어렁셩 두어렁셩 다링디리

대동강, 아즐가 대동강 넓은 줄 몰라서
위 두어렁셩 두어렁셩 다링디리
배를 내어, 아즐가 배를 내어 놓았느냐 사공아
위 두어렁셩 두어렁셩 다링디리
네 아내가, 아즐가 네 아내가 바람난지 몰라서
위 두어렁셩 두어렁셩 다링디리
떠나는 배에, 아즐가 떠나는 배에 (내 임을) 얹었느냐 사공아
위 두어렁셩 두어렁셩 다링디리
(내 임은) 대동강, 아즐가 대동강 건너편의 꽃을
위 두어렁셩 두어렁셩 다링디리
배를 타 들면, 아즐가 배를 타 들면 꺾으리이다. 나난
위 두어렁셩 두어렁셩 다링디리

이를 현대어로 풀이하면 이렇다.

서경이 우리들의 서울이지마는 새로 닦은 작은 서울을 사랑하지마
는 님을 여의는 것보다는 차라리 길삼베 마저 버리고, 님이 사랑해 주
시기만 한다면 울면서 따라가겠나이다. 끈에 낀 구슬이야 바위에 떨
어진들 끈이야 끊어지겠습니까. 당신이 저를 두고 천 년을 외로이 지
내신들 서로 믿는 마음이야 끊어지겠습니까. 대동강 넓은 줄을 몰라
서 배를 내어놓느냐 사공아. 너의 아내는 지금 바람이 나 있는데, 그

런 줄도 모르고 가는 배에 남의 님을 태웠느냐. 대동강 건너편으로 배를 타고 들어가면 분명, 그곳 여인들과 사랑을 맺고야 말 것이 아닌가.

우리의 옛 노래는 이별을 주제로 한 노래가 많음은 주지의 사실이다. 이는 그만큼 사랑이 풍성했다는 말과도 통한다. 슬픈 이별의 노래는 절실한 사랑에서만 우러나오기 때문일까. 사랑이 없는 곳에 이별의 노래가 있을 리 없고, 이별이 없는 사랑은 모질지도 못하다. 우리의 선조들은 무뚝뚝하고 점잖기만 하고 그래서 사랑을 잃어버렸다고 말할 수도 있지만 문학 작품을 통해 본 인간 군상들은 오히려 세계 어느 도처에서도 볼 수 없는 열정적인 사랑을 표현하고 있다.

말 없는 사랑, 무표정 속에 숨어 있는 사랑, 말하자면 변덕 없는 은근한 사랑을 속삭였다. 그 사랑이 이별에 임했을 때에는 역시 변덕스럽지 않게 표현되지만 그 속에 도사리고 있는 사랑의 메시지는 너무나 강렬하다. 이것은 이별에 임하는 여인에 있어서 더욱 애절하게 나타난다.

서경별곡의 이별 무대는 평양의 대동강변이요 보내는 사람은 여인, 떠나는 사람은 바람기가 약간 있는 사나이다. 정든 땅 서경, 잔뼈가 굵어진 고향을 사랑하지 않을 자 그 누구리오마는 떠나가는 님을 따라갈 수만 있다면 모든 것을 기꺼이 버리고서라도 따르겠다고 나서는 간절한 여인의 심정, 그러기에 당시 여성에게 있어 가장 소중했던 길삼베 마저도 팽개치고 님을 따르려는 것이다. 이 얼마나 간절한 사랑의 정인가.

난처한 것은 사나이다. 버려둘 수도 그렇다고 데리고 갈 수도 없기 때문이다. 이러한 님의 딱한 정경을 보고 여인은 곧 체념과 함께 님을 위로한다.

> 천 년을 홀로 지내신들 믿음이야 끊어지겠습니까.

사뭇 굳은 결심이다. 머지않아 끊어지려는 애끓는 정을 그렇게라도 비유하면서 고이고이 정절을 지키겠다는 것이다. 이러한 애정의 모습은 전통적인 겨레 얼의 깊고도 질긴 데에 뿌리 박고 있는 것으로 아늑하고 질긴, 면면한 정취를 엿보게 한다.

그러나 이별을 눈앞에 둔 여인의 심정이란 어떤 것일까. 아무리 안으로만 슬픔을 참으려 하지만 결국은 무서운 사랑의 질투가 폭발하고 만다. 하지만 그 화살은 님에게로 직접 향하지 않고 죄 없는 뱃사공에게로 던져진다.

> 사공아 너는 지금 너의 아내가 바람이 나 있는 줄도 모르고 왜 나의
> 님을 싣고 가려 하는가.

이별의 거부, 체념적인 긍정, 난데없이 사공의 아내를 끌어들여 간접적으로 님과의 이별을 거부해 보는 것이다.

> 대동강 건너편 꽃을 배타 들면 꺾어리이다.

라는 구절은 님이 탄 배가 떠나려고 할 때, 마지막 이별의 말이다. 사랑하는 님과의 이별도 서럽거늘 하물며 님을 다른 여인에게 빼앗긴다는 것은 차라리 이별의 설움보다도 더 억울한 것임에 틀림없다. 사랑이 깊어질수록, 질투도 강하다는 여인의 본원적 마음이 잘 드러난 대목이라 하겠다.

북받쳐 오르는 이별의 서러움을 서정화한 이 노래는 마지막 결사에서 여성 본래의 질투심이 강렬하게 나타남으로써 더욱 측은한 여운을 던져준다. 이 구절은 곧 나를 버리고 다른 님을 품에 안을 바에야 차라리 배가 뒤 집혀져 님이 물에 빠져 죽는 것이 낫다는 말이다.

　참으로 무서운 마음이 아닌가. 그러나 정작, 님이 물에 빠져 죽으면 어찌될 것인가. 그때는 그 여인도 뒤를 따라 죽는다는 것은 이미 예비 된 수순이다. 이러한 여심이 곧 한국적 여심이며 한국적 사랑일 것이다.

　고전시가 중,「공무도하가」와「서경별곡」두 작품의 여심을 살펴보았다. 이러한 전통적 여심은 면면히 이어져「가시리」와 「아리랑」, 황진이의 시조, 김소월의「진달래꽃」으로 이어지는 것이다.

　새삼스러운 이야기 이지만 오늘을 사는 여성들은 이러한 전통적인 여인상을 이해해야 함은 당연한 일이 아닐까 싶다. 설령 본받을 수는 없을지라도 말이다.

원추리꽃 연가
— 아내에게

7월이 되면 지리산 노고단 일대에는 주황색 원추리꽃 무리가 화려하게 수놓는다. 계절에 따라 수많은 야생화가 무리지어 피지만 원추리의 그 강직함과 담백함은 꽃 중의 꽃일 만큼 마음 설렌다.

원추리는 백합과에 속하는 여러 해 살이 풀로 나리와 많이 닮았다. 어린순은 나물로 해 먹고 꽃은 요리에 사용되며 뿌리는 지혈 소염제로도 쓰인다. 마음을 안정시켜 주는 데도 효능이 뛰어나다 하니 만병통치약이라 할만하다.

아내는 유달리 원추리꽃을 좋아한다. 아내만 있으면 만사형통인 나 역시 아내가 꼭 원추리꽃을 닮았다고 생각한다. 기다리는 마음이란 꽃말처럼 나는 언제나 원추리꽃이 피기를 기다리고, 꽃이 피면 지리산으로 허위허위 꿈을 꾸듯 달려가곤 한다.

돌이켜보면 참 많은 시간이 흘렀다. 28세에 한 살 아래인 아내를 만나 40년 이상의 세월을 살았으니 희로애락을 모두 나눈 동반자나. 결혼당시 파티마병원 5년 차 수간호사였는데 하얀 가운과 캡이 잘 어울리는 백의의 처녀였다. 직장동료의 외사촌 누나로 인연은 시작되었다. 가녀린 체구지만 단호함과 카리스마가 묻어났다. 이 여인이야말로 나의 운명이라는 생각이 들며 마음을 끌어당겼다. 피해 갈 수가 없는 숙명과 같은 것이었다. 살아갈수록 그것은 거대한 하느님의 뜻이라 믿게 되었다.

그렇게 부부가 되었다. 결혼으로 무엇보다 정신적으로 안정되었다. 길고 가난한 자취생활로 이어져 온 나에게는 그냥 횡재라는 생각만 들었다. 일방적으로 주어야만 하는 아내의 입장은 생각해볼 겨를도 없었다. 아내는 북면의 대농에 교장선생님 댁 2남 4녀 중 차녀로 유복하게 자란 편이었으니 가난하고 척박한 산골 출신인 나와는 근본적인 문화의 차이가 있었다. 때로는 이 문화적인 충돌을 피해 갈 수가 없었지만 이성과 사랑의 힘으로 극복해 가려고 노력했다. 집안의 종부로서 대소사를 돌보고 조상님 4대 봉제사까지 불평 없이 챙겨온 가정사는 고맙기만 하다. 간장, 된장, 고추장, 김장까지도 아직은 남의 손을 빌려본 적이 없다.

결혼은 내 삶의 일대 변혁을 가져다주었다. 사실상 한 인간으로서 최소한의 문화생활을 누리며 설 수 있게 된 출발점이었다. 하루 세끼 밥 먹고, 하루 한 번 샤워하고, 철철이 새 양복으로 갈아입고, 집안에는 TV와 에어컨, 김치냉장고, 세탁기 등의 가전제품이 가동되었다. 이전에는 상상도 할 수 없는 일이었다. 유년시절에는 주변의 따뜻한 사랑은 차지했으나 첩첩산으로 둘러싸인 두메산골에서 호롱불 하나에 의지하며 자라왔을 뿐이다. 중학생시절부터는 객지에서 자취생활을 시작하며 항시 먹는 것과 입는 것에 연연했다.

결혼은 가톨릭과의 만남이기도 했다. 나는 불교에 샤머니즘적 요소가 결합 된 토속신앙 가정에서 자랐다. 부모님께서는 부처님께, 천지신명님께, 용왕님께, 산신님께 온갖 치성을 드린 결과로 나를 낳으셨다고 들었다. 그러니 나 역시 그런 확고한 신앙으로 무장되어 있었음은 당연하다. 그런 내가 결과적으로 가톨릭을 선택했다. 천주교는 어린 시절 위기가 닥치면 무심결에 찾았던 그 하느님이었다. 보편되고 공번된 교회였으며 무엇보다 아내가 믿는 종교였다. 그렇다고 아내는 내게 신앙을 강요하지는 않았다.

나는 아내의 기도가 참 좋았다. 기도하는 아내의 모습에서 위안을 얻었고 평화로움을 누렸다. 삶에 지쳐 힘들 때 로사리오 기도를 드리는 손길에서 하느님을 만나고 사랑의 힘을 믿었다. 기도하는 아내의 모습은 평화로운 천사의 환영으로 다가왔다. 이 순간, 가정이 무탈하고 이렇게 건강하고 자유롭게 다양한 문학활동과 사회생활을 할 수 있음은 아내의 기도 덕분이라 생각한다.

영세 후 가장 큰 감동은 꾸르실료와 ME다. 대부님의 추천으로 무심결에 받은 꾸르실료 교육은 영원히 잊지 못할 하느님의 선물이다. 꿈결 같은 아내의 새벽방문과 사랑의 편지, 살아온 날들을 성찰하며 흘린 눈물들, 그것은 하느님의 현존을 확인하는 순간이기도 했다. ME(Marriage Encounter)는 결혼의 참다운 의미를 발견하고 가정과 사회를 쇄신하려는 부부일치 운동이다. 2박 3일이란 짧은 교육기간 이었지만 함께한 다섯 동기부부와 20년 동안 부부간의 내밀한 편지를 주고받았다. ME에서 내가 배운 것은, 사랑하는 것은 결심하는 것이다, 라는 진실이다. 이 명구는 웬만한 시련 정도는 극복해 낼 수 있는 힘이 되었다.

지리산과의 만남도 아내 덕분이다. 지리산행 7년 차인 아내의 손에 이끌려 무작정 지리산으로 들었다. 함께 겨울 종주를 했고, 5월의 대성골을 오르며 가는 봄을 아쉬워했고, 영신대의 신령스러움에 숨을 죽였다. 심마니 능선을 타고 올라 묘향대에서의 거룩한 밤도 지새웠다. 일출봉의 일출과 반야봉의 낙조도 더불어 감동을 나누었다. 회갑 날에는 문인들과 세석고원의 촛대봉에서 살아온 날에 대한 감사의 기도를 올렸다. 그렇게 나는 지리산으로 작가가 되었다. 아내는 내 문학의 후원자요 지지자다.

숨 가쁘게 살아온 세월 속에서 사랑하는 딸과 아들이 성인이 되었으며, 생각만 해도 설레는 손녀와 손자도 무럭무럭 자라고 있다. 누구나가 겪는 일상이고 보편적인 일이라 하지만 우리에게는 특별하고 애틋하다. 결혼 시작부터 맞벌이를 해야 하는 신산한 환경 속에서 아이들을 너무 힘겹고 아리게 키워야 했으니 말이다.

그러다 보니 신혼 초부터 남녀평등이란 현실을 몸소 체험하며 살아왔다는 말이 옳다. 뿌리 깊은 유교적 환경에서 자라온 나로서는 다소 적응이 어려웠지만 새로운 세계를 개척하고 역사를 써야 한다는 신념으로 현실에 적응해 갔다. 똑같이 힘들게 직장에서 스트레스 받으며 일하고 집에 왔는데 여자라는 이유로 가정사를 책임져야 한다면 그것이야말로 비인간적인 일이었다. 만족하지는 않겠지만 내 나름대로 노력해온 것은 사실이다. 그래도 부족하고 미안한 점이 더 많다.

아내는 자기계발에도 게을리 하지 않았다. 직장인으로서의 사명감도 투철했다. 간호사로서 현실에 안주하지 않고 새로운 지식을 쌓는 일에 최선을 다했다. 호스피스 전문교육과정을 수료했고, 정신보건간호사 과정을 이수하여 전문 의료인으로서의 자존감을 키워갔다. 30년 가까이 근무한 종합병원 간호부장직을 마치고 지금은 부산의 한 전문병원에서 현직으로 일하고 있다. 통 큰 베풂 때문인지 따르는 사람도 많다. 부산으로 직장을 옮기면서 때늦은 주말부부가 되었지만 서로 간 존재의 확인과 일할 수 있다는 자부심에 조금 불편함 정도는 인내해 내고 있다.

부부란 소유가 아니라 동반자의 관계가 되어야 한다고 생각한다. 가정이란 한 울타리 안에서 살지만, 각자 전문 분야에서 일하며 서로 응원하고 꿈을 키워주는 사랑의 공동체라 믿는다. 부부가 일방적인 소유의 관계라면 그 먼 인생길을 함께 가기란 어려울 것이다.

오는 주말에는 지리산 노고단에 한 번 다녀와야겠다. 지천으로 핀 노란 원추리꽃을 배낭 속에 고이 챙겨 오려 한다. 아직도 다 못해서 애틋한 사랑, 기다리는 마음 변함없길 바라면서 아내에게 원추리꽃 한 송이 바치고 싶다.

지리산 오도재를 넘으며

2월의 마지막 주말, 며칠째 진눈깨비가 흩뿌렸고 오늘도 궂은 날씨다. 오후 2시에 우리들은 경남 함양의 시외버스주차장에 모였다. 서울에서, 부산에서, 대구에서, 전주에서, 포항에서, 시인 수필가들이 30여명 모였다. 나는 마산에서 2시간을 숨 가쁘게 달려왔다.

내 문학의 고향이라고 할 수 있는 서정시학회의 겨울모임에 참여하기 위해서다. 올해는 《서정시학》을 통하여 등단한 지 꼭 20년째를 맞이하는 해이기도 하다. 나는 그동안 문학으로 내 삶을 지탱해 왔고 수필로 행복했다. 그런 은혜를 조금이라도 보답하기 위해서 내가 행사를 주관하겠다고 자처한 것이다. 육체적인 노화는 어쩔 수 없다 해도 마음까지 식어서는 안된다. 등단 무렵, 문학에 대한 열정은 뜨거웠다. 갓 출발한 문학회와 나의 성장을 위하여 전 회원을 마산에 초대하여 잔을 부딪치며 단합을 외치고 밤새워 문학과 함께할 미래를 꿈꾸었다. 온 가족들이 나서서 뒷바라지를 해도 마음은 충만하고 행복했다.

그 이후, 다시 20년의 세월이 흘렀다. 아무리 강변해도 초기의 자신감과 설렘에는 미치지 못한다는 말이 진실일 것이다. 미지근한 마음에 불을 지펴야 한다. 이쯤해서 평생 젊음을 불태운 나의 유토피아 지리산에서 스승님과 동료후배 문인들을 모시고 마지막 불꽃을 태워보고 싶었다.

무슨 일이든, 어떤 분야이든 성장을 하려면 반드시 그만한 대가를 치러야 한다. 문학도 예외일 수가 없다. 개인적인 노력이야 기본이지만 모지를 위하여, 내가 속한 문학회를 위하여 봉사하고 때로는 희생해야 함은 인지상정이라 생각한다. 그래야 더불어 존재감도 드러낼 수 있지 않겠는가. 나의 울타리 속에서 사랑받고 박수받을 때 세상으로부터도 우뚝 설수 있다고 믿는다. 언제나 뒤따르기만 하고 때로는 뒤에서 비판만 한다면 남을 앞서가기는 어려울 것이다. 존재감을 위해서가 아니라 이왕에 시작한 예술이고 문학의 길이라면 온몸으로 즐겁게 참여하는 것이 상식이고 본질이 아닐까. 그런 마음으로 이번 행사도 기쁘게 준비했다.

이제, 오도재를 넘어야한다. 영원사 도솔암에서 수도하던 청매 인오 조사가 오르내리며 득도를 했다는 오도재를 넘어야 지리산이 있다. 영남 사림학파의 종조 점필재 김종직과 그의 제자 김일손이 넘었던 고개, 오도재를 넘어야 지리산롯지로 들어가 불멸의 사랑을 얘기할 수 있다. 금계마을에서 뜨거운 흑돼지 구이와 소주 한잔으로 사람의 정을 나누어야 한다. 백리 주능을 바라보며 영원을 꿈 꿀 수가 있다.

문제는 폭설이 사방의 길을 삼켰다는 것이다. 두려움을 떨치고 서로의 등을 믿음으로 바라보며 용기를 내기로 한다. 일곱

대의 승용차가 함께 오도재를 넘어간다. 한국의 아름다운 도로 지안재를 지나 굽이굽이 오르는 길은 순백의 설화가 반겨 준다. 몽글몽글한 눈송이를 함박꽃처럼 덮어쓴 나무들이 도열하여 환영한다. 지리산의 속살 깊은 곳으로 들어섰다. 최동호 교수님은 이 경치만으로도 이번 여행은 의미가 있다고 기뻐하신다. 그렇게 오도재를 넘는다.

저녁식사를 마치는 대로 오붓한 강당에 옹기종기 모여 앉았다. 잠시 멈추었던 눈송이가 조금씩 날리기 시작한다. 눈비로 시작되더니 시간이 지날수록 함박눈으로 변해간다. 창 넘어 불빛사이로 눈발을 바라보며 우리들의 문심도 깊어간다. 문학 특강에 이어 동인지『미래서정』12호에 발표된 시낭송이 시작된다. 젊은 여류시인들의 낭랑한 목소리에 눈 내리는 소리가 배경음이 되어 고적하고 긴장된 태초의 그리움을 만들어낸다. 눈송이는 점점 더 굵어진다. 도대체 아침의 풍광이 어떻게 변해있을지 호기심과 두려움으로 일렁인다. 그래도 내일을 걱정하는 사람은 아무도 없다.

어떻게 잠이 들었는지, 깜빡하는 사이에 새아침을 맞이한다. 시인들은 일어나 하얀 설국의 세계에서 건강한 웃음소리를 토해내고 있다. 이런 설경은 난생 처음이라며 운동장을 어린아이처럼 뛰어다닌다. 크고 작은 눈사람도 옹기종기 만들어 놓았다. 정면의 금대산과 백운산도 순백의 옷으로 갈아입었다. 나무들은 눈송이를 견디지 못해 힘겹게 몸을 떨고 있다. 온 세상이 아득한 동화의 세계로 변했다. 근래에는 지리산에도 눈이 내리지 않았는데 참으로 오랜만에 맞이하는 서설이다. 이것이 우연일까 필연일까. 우리들을 위한 축복과 희망의 약속임이 틀림없다. 더 열심히 달려가라는 격려의 선물로도 받아들이고 싶다.

오늘의 일정은 모두 취소될 수밖에 없다. 나름대로는 많은 계획을 세웠다. 노고단의 운해도, 뱀사골의 트레킹도, 벽송사와 서암정사의 역사와 풍경도 보여드리고 싶었다. 칠선계곡, 한신계곡의 물소리도 함께 들으려했다. 세상의 일들이 뜻대로 되는 것은 아무것도 없구나. 하지만 이렇게 먼 태고적 설화로 보상 받는다. 가는 길목에 있는 천년고찰 실상사를 둘러 볼 수 있음은 그냥 덤이다.

실상사도 눈 속에 덮였다. 만수천을 건너는 다리도, 수묵화 한 폭 같은 전경도, 법당 앞의 석탑도, 고즈넉이 눈 속에 묻혔다. 실상사는 신라 홍덕왕 때 증각대사 홍척이 세웠다는데, 지금은 조계종 금산사의 말사다. 이곳에 절을 지어 나라의 정기가 일본으로 빠져나가는 것을 눌러 막아야 한다는 풍수지리설에 근거한 것으로 전해진다. 그래서인지 청동으로 제작된 거대한 약사여래불은 천왕봉을 정면으로 바라보고 있는데, 천왕봉 너머에는 일본의 후지산이 일직선상에 놓여있다. 눈 속에서 우리도 실상사의 기운을 마음껏 받으려 두 손을 모아본다.

마지막 일정으로 함양의 어탕국수집에 모였다. 붉고 걸쭉한 어탕국수 한 그릇과 막걸리로 다하지 못한 정회를 나눈다. 짧은 일정이었지만 깊은 마음을 나누어서 일까, 아쉬움이 가슴을 훑는다. 이역시 문학의 힘일 것이다. 이경철 평론가는 나를 형으로 모시고 싶다고 농을 걸고, 김왕노 시인은 자작시 한편으로 박수를 받는다. 그럼에도 이제 각자 출발했던 곳으로 떠나야 할 시간이다. 일상으로 돌아가 삶을 더 사랑하고 문학으로 성장하여 우리는 다시 만나야 한다.

4부 외롭지만 행복하다

일출을 기다리며

새해 첫날 아침이다. 5시 30분 알람소리에 눈을 뜬다. 무학산 학봉의 해는 정확하게 2시간 후에 떠오른다. 서둘러야 한다. 강추위가 예보되었기에 평소에는 입지 않던 내의까지 챙기며 완전무장을 한다. 헤드랜턴까지 장착을 하고서 집을 나선다.

거리는 한산하고 스산하다. 산자락으로 접어들자 길은 아직 까만 어둠속에 묻혀있다. 랜턴의 불빛을 따라 한발자국씩 걸음을 옮긴다. 인적 없는 산길은 씽씽 바람소리가 을씨년스럽다. 너른마당에서 잠시 숨을 고른다.

편편한 안부鞍部는 너무나 익숙하다. 봄이면 학생들이 소풍을 와서 즐거운 하루를 보내는 곳이기도 하다. 코로나 팬데믹이 오기 전까지만 해도 새해 아침 이 시간이면 사람들로 북새통을 이루었다. 여러 봉사단체들이 커다란 가마솥에 떡국을 끓여놓고 오가던 사람들과 인정을 나누었다. 어묵과 막걸리를 곁들여 덕담을 주고받던 곳이다. 그런 곳이 사람그림자 하나 얼씬하지 않으니 어색하고 낯설기까지 하다. 세상이 변해도 너무 변했다. 갑자기 혼자 던져져 있다는 고립감 때문인지 울컥 감정이 북 받친다.

민초들은 정말 순수하고 착한 영혼을 가졌다는 생각이 든다. 대다수의 백성들은 나라가 시키면 시키는 대로 한다. 백신을 맞으라면 맞고, 거리두기를 하라 해도 불평하지 않는다. 백신의 부작용으로 무고한 생명들이 죽어나가도 운명으로 돌리며 체념하고 만다. 설령 정치적인 거리두기를 강요한다 해도 스스로 점포 문을 닫고, 목숨을 끊을 지언정 누구를 탓하지도 않는다. 오늘처럼 이렇게 새해일출을 포기하고 집안에 있으라면 그냥 말없이 집안에서 머물 뿐이다. 그런 백성이고 국민이 아닌가. 정말 신기할 정도로 순박한 영혼이다. 이런 백성을 정략적으로 이용하고 갈라치기하고 억압하는 세력이 있다면 천벌을 받아야 마땅하리라.

이제 학봉을 향하여 비탈길을 힘겹게 올라야 한다. 그 어떤 젊은 건각이라도, 어떤 계절이라도, 한바탕 구슬땀이라는 대가를 치르지 않고서는 학봉은 그 정상을 절대로 허락하지 않는다. 그게 학봉의 자존심임을 너무나 잘 안다. 오늘처럼 이렇게 매서운 추위 속이라 할지라도 이마에 땀방울을 각오해야만 한다. 그런 땀 한 방울의 선물은 황홀하다.

정상직전 전망대 정자에서 바라본 새벽도심의 풍경은 고요하면서도 찬란한 불빛으로 일렁인다. 그냥 정겹고 수수하고 따뜻하다. 호수 같은 새벽바다의 모습은 언제 보아도 새로운 용기가 솟아난다. 한 마리의 예쁜 고래 같은 돌섬과 그 주위로 평화롭게 정박해 있는 고깃배들이 끝도 없는 그리움으로 저리게 한다. 뜨거운 그 무엇이 북받쳐 오른다.

첩첩산골에서 태어나고 자란 나는 약관 스무 살에 이 도시에 홀홀 단신으로 찾아들었다. 그렇게 학교를 다니고 직장생활을 하고 결혼도 했다. 친구도 제자도 생기고 가정도 만들었다. 이 아름다운 항구도시에서 살며 사랑하며 한평생 대부분을 함께 했다는 것만으로도 감사할 뿐이다.

학봉일출의 전망대에 선다. 부지런한 몇 사람들이 이미 옹기종기 모여서 새해를 기다리고 있다. 저 멀리 지평선 위로는 붉은 물결이 서서히 번져 올라와 주위로 퍼져 나간다. 그 위로 동짓달 그믐달도 더불어 새해를 기다리고 있다. 20대의 청춘처럼 가슴은 뛰고 수많은 희망들이 온몸으로 파고든다. 바다 위 산마루 위로 펼쳐지는 일출직전의 풍경은 신선하고 경이롭다. 가슴 벅찬 기운을 끊임없이 불어넣는다. 눈 아래로 조망되는 바닷가 근처에 서있는 고층아파트 몇 동은 성냥 곽처럼 앙증스럽다.

거대한 붉은 세계가 온 세상을 가득 메우며 드디어 임인년 새해가 빛을 내뿜는다. 숯불 같은 불빛이 수줍게 얼굴을 내미는가 싶더니 순식간에 눈부신 해로 변해 불끈불끈 솟아오른다. 주변의 붉은빛은 일시에 사라진다. 고조되던 분위기가 갑자기 일상으로 돌아온 느낌이다. 며칠째 구름 한 점 없던 날씨더니 오늘도 그 맑음이 이어지는가 보다.

사실, 어제의 해나 오늘의 해는 똑같은 해일 뿐이다. 이렇게 의미부여를 하고 가슴 뿌듯해 함은 사람이 만든 논리다. 그럼에도 이 해를 보아야하는 이유는 분명하다. 나의 간절한 기도이기 때문이다. 그렇다. 일출의 기다림은 사무치는 희망을 염원하는 것이다. 따뜻한 이불속에서 혼미한 정신으로 기도할 수는 없지 않은가. 절박한 소망을 편하게 앉아서 바랄 수도 없다. 뼈를 깎는 노력과 아픔 속에서 꿈은 이루어지리라는 믿음이다.

나는 젊은 시절부터 새해 아침에는 단 한시도 집안에 머물 수가 없었다. 버스를 타고, 기차도 타고, 배낭을 메고서는 전국의 일출명소를 찾아다니며 두 손을 모았다. 지리산 천왕봉에서, 삼신봉에서, 남해 금산에서 일출을 기다리고 벅찬 가슴을 쓸어내리며 내일을 꿈꾸었다. 오늘을 이렇게 누릴 수 있음도 그 수많은 날들의 기도 덕분이라 생각될 때도 있다.

올해의 바람도 만만찮다. 무엇보다도 코로나19가 종식되어 일상이 회복되기를 바라본다. 위정자들이 제발 진영 간의 싸움을 멈추고, 나라와 국민을 진정으로 생각하는 지도자가 되었으면 좋겠다. 가족이 화목하고 건강하기를 소망한다. 우리 수필교실 선생님들이 문학으로 행복하고 각자의 위치에서 빛나기를 기원한다. 나의 문장이 손톱만큼이라도 성장했으면 하는 마음도 숨길 수가 없다.

일 년 후에 다시 떠오를 찬란한 태양을 위해 올 한해 더 건강하게 노력하며 주위도 보살피고 싶다. 더 많이 사랑하리라 다짐하며 조심조심 학봉을 떠난다.

꽃이 외로운 날

내가 젊은 시절부터 버릇처럼 써온 글귀 하나가 있다. 혼자서도 외롭지 않게 살아갈 수 있는 방법을 알고 싶다는 내용이었다. 수십 년의 세월이 흐른 지금 그 뜻을 이루었을까. 오히려 살아갈수록, 나이를 먹을수록 깊어지는 외로움을 몸속 깊이 받아들여야 한다는 진실을 실감하고 있다는 말이 옳을 것이다.

바람 불어 외롭고, 하늘이 높아서도 외로웠다. 꽃잎이 휘날리면 외로웠고, 첫눈이 내릴 때는 더 외로웠다. 뜻을 이루지 못했을 때도, 진정 꿈을 이루었을 때는 더욱 사무치게 외로웠다. 그대가 곁에 있어도, 그대가 떠난 후면 더욱 외롭기만 했다. 외로움의 깊이가 도대체 어디까지인지 가늠해볼 수조차 없었다. 사람은 어쩌면 숱한 외로움과 함께 살아가면서 희망을 꿈꾸며 죽어가는 존재가 아닐까.

나는 이 외로움을 견뎌내는 힘을 얻으려고 온갖 몸부림을 치며 살아왔다. 원인을 알 수 없는 그리움 때문에 깊은 산속을 짐승처럼 헤매고 다닌 세월이 그 얼마며, 술독에 빠져 허둥대며 맹목적으로 젊음을 허비해버린 시간이 얼마이었던가. 휘영

청 달 밝은 밤하늘을 향하여 고래고래 소리도 질렀고, 나목을 부여잡고 울부짖으며 하염없이 산을 오른 적도 많았다. 내가 밤을 새워 글을 쓰며 작가의 길을 걷게 된 것도 이 외로움을 이겨 내기 위한 방법이 아니었나 싶다.

특별한 기억 하나 마음속 깊이 새겨져 있다. 나의 수필이 국어교과서에 수록된 그해이지 싶다. 방송국에서 한 시간 이상 긴 녹화를 끝내고 돌아온 날, 텅 빈 방 안에 무심코 들어서는 순간, 섬광처럼 스쳤던 감정이다. 그것은 모든 것이 일시에 무너져 내리는 듯했던 공허함이었다. 그 아득하고 하염없는 슬픔은 끝없는 나락의 질곡 속으로 떨어져 내렸다. 인생이란 결국 혼자라는 사실이 온몸으로 각인된 사건이었다. 나는 그날의 일기를 이렇게 썼다.

외로움은 혼자라서 오는 것이 아니다.
능력 이상의 일을 하고 낯선 이로부터
기적 같은 환호를 받았는데도
푸른 시절 함께 어울리며
천년을 약속했던 그 수많은 사람들
소리 없이 사라지고 단한사람 곁에 없을 때
밀물처럼 그렇게 밀려오는 것인가.

젊은 시절, 낭만적으로 생각했었던 혼자 살 수 있게 해 달라던 소망이 인생의 가장 절박한 화두라는 사실을 이제서야 알게 된다. 오죽했으면 정호승 시인도 '살아간다는 것은 외로움을 견디는 일'이라고 대못 하나를 박았을까 싶다. 한발 더 나아가서 '하느님도 외로워서 눈물을 흘리신다'고 하는 대목에서는 할 말을 잃고 만다.

헤르만 헤세는 시 「안개 속에서」에서 '인간은 누구나 안개 속에 홀로 서 있다. 살아 있다는 것은 고독하다는 것. 사람들은 서로를 알지 못한다. 모두가 다 혼자다'라며 인간의 근원적인 고독을 읊었다. 박두진 역시 「도봉」에서 '삶은 오직 갈수록 쓸쓸하고, 사랑은 한갓 외로울 뿐'이라고 노래하지 않았던가.

여기서 『어린왕자』의 한 구절도 생각이 난다. '내가 좋아하는 사람이 나를 좋아하는 건 기적이야.'

내가 좋은 사람이 나를 좋아하는 것이 기적이라면 인간은 근원적으로 외로움이라는 빈자리를 가지고 있는 존재가 아닌가. 서로 좋아해서 만나도 세월 앞에서 변질되고 또 새로운 사랑을 찾아 나서는 것이 갑남을녀의 사랑의 방정식이라면 생텍쥐페리의 이 말은 진정 슬프고 잔인하기까지 하다.

영국정부에는 외로움 담당 장관이라는 부처가 생겼다는 말을 들었다. 외로움으로 인해 생기는 사회문제의 심각성을 정책적으로 해결하려는 발상은 신선하다. 인간의 행복이 물질이 아니라 정서적으로 숙성된 정신에서 우러난다는 생각을 근본적으로 하고 있다는 점에서 이 나라는 참으로 선진국이라는 생각이 든다.

삶이 외롭다는 것은 누구도 피해갈 수 없는 보편적인 진리일지도 모른다. 생각해보면 사람은 원래부터 혼자라는 말이 맞다. 외로움이 뭔데, 도대체 외로움의 뿌리가 얼마나 깊었으면 피할 수 없는 인간의 숙명 같은 것이란 말인가. 그게 주어진 운명이라면 도전장이라도 던져서 이겨내야 하지 않겠는가.

내 안에는 혼자 살고 있는 고독의 장소가 있다. 그곳은 말라

붙은 당신의 마음을 소생시키는 단 하나의 장소다. 펄벅의 이 말은 위안이다. 외로움은 때론 결핍에서 오는 것이 아니라 욕구가 채워지지 않을 때 오는 사치스러운 욕망 같은 것이란 생각도 스친다. 외로움이 소생의 공간이요 사치스러운 욕망 같은 것이라면 때로는 벗으로 곁에 두어도 좋을 성싶다.

법정스님도 사람은 근원적으로 외로운 존재이지만 옆구리께로 스쳐 가는 외로움을 통해서 자기정화, 자기 삶을 밝게 할 수 있다고도 했다. 때론 시장기 같은 외로움을 삶의 의욕으로 받아들여야 한다는 스님의 말씀은 희망적이다. 성숙한 인간이라면 오감과 더불어 내면의 아프고 슬픈 감정까지도 느껴봐야 인생을 논할 수 있다는 말로 받아들여진다. 어찌 아름다운 것만 보고 달콤한 맛만 삼키며 가는 게 인생이라 할 수 있겠는가.

사람의 마음을 얻는 것만큼 힘든 일도 없다고 한다. 누군가가 던진 맹목적인 돌에 맞아 아파할 때도 있다. 온 정성을 다해 사랑을 준 이로부터 배신이란 답이 돌아왔을 때의 외로움도 사무치게 맛보았으리라. 세상 모든 사람이 나를 좋아할 수도 없다. 나에 대하여 부정적인 말이 들려오더라도 너무 무게를 실어 힘들어하지 말자. 외로워 말자. 지금 가고 있는 길이 옳다 생각하고 묵묵히 걸어가자. 내 곁에서 나를 좋아하는 사람들을 더욱 사랑하며 용기를 내자.

헤겔은 자기를 타자에게 내어줌으로써 더 풍부해지는 사랑을 소유할 수 있다고 했다. 사람의 마음 안에는 그 어떤 것으로도 채울 수 없는 빈자리가 있다는 사실을 인정하고 받아들여야 함이 이 하염없이 이 외로운 날을 견디는 변증법 아닐까 싶다.

외롭지만 행복하다

추적추적 빗소리가 들리는 11월의 늦가을 밤이 깊어가고 있다. 수많은 상념들로 좀처럼 잠들 수가 없는 밤이다. 예전에는 느껴보지 못했던 감정들이 불쑥불쑥 고개를 내미는 요즘이다. 허허벌판에 혼자 내버려 진 것 같은 외로움에 자꾸만 눈물이 난다. 나이 탓일까. 못 다한 일들을 둔 채, 한 해의 끝자락이 저만치서 서성이기 때문일까. 혹독한 겨울 준비를 미처 다하지 못해서일까. 이렇게 그리움에 뒤척이고 먹먹한 외로움에 가슴 아득한 날에는 백석의 시 한 구절에서 위안을 얻는다.

어느 사이에 나는 아내도 없고, 또,아내와 같이 살던 집도 없어지고, 그리고 살뜰한 부모며 동생들과도 멀리 떨어져서, 그 어느 바람 세인 쓸쓸한 거리 끝에 헤매이었다. 바로 날도 저물어서, 바람은 더욱 세게 불고, 추위는 점점 더해 오는데, 나는 어느 목수木手네 집 헌 삿을 깐, 한방에 들어서 쥔을 붙이었다.이리하여 나는 이 습내 나는 춥고, 누긋한 방에서, 낮이나 밤이나 나는 나 혼자도 너무 많은 것같이 생각하며, 딜옹배기에 북덕불이라도 담겨 오면, 이것을 안고 손을 쬐며 재우에 뜻 없이 글자를 쓰기도 하며, 또 문 밖에 나가디두 않구 자리에 누워서, 머리에 손깍지 벼개를 하고 굴기도 하면서, 나는 내 슬픔이며 어리석음이며를 소처럼 연하여 쌔김질하는 것이었다.

이 시의 시적 상황을 상상해 본다면 정말이지 눈물 없이는 읽을 수가 없다. 추운 겨울날 아내도 잃고, 집도 잃은 화자의 현실 그 자체만으로도 너무 아프다. 사랑하는 가족은 뿔뿔이 해체되고 혈혈단신 사고무친으로 객지의 고독한 거리를 방랑하는 모습이 비극적 상황이다. 가난한 목수 박시봉의 습기 차고 눅눅한 방에 세를 얻어 밤낮 아무것도 할 수가 없는 현실이 눈물겹다. 스스로도 무기력한 자신의 모습에 북받치는 슬픔과 외로움으로 몸부림친다.

이 시를 읽을 때마다 그리움이니 외로움이니 하는 말 자체가 사치스럽게 느껴진다. 보통사람이 이런 처참한 현실을 맞이한다면 부끄러워서라도, 자존심이 상해서라도 이렇게 구체적으로 표현하지는 못할 것이다. 안으로 삭이고 또 삭이며 고통을 혼자서 감내하려 할 것이다.

30대의 젊은 나이에 고통스럽고 처참한 현실을 담담하게 읊어내는 시인의 그 용기에 숙연함이 느껴진다. 이런 것이 문학의 힘일까. 위대한 문학작품은 이처럼 자신의 가장 비참하고, 수치스럽고, 극한적인 아픔까지도 가감 없이 토해내 보이는 것일까. 그래야 역설적으로 독자들은 감동하고 아픔이 치유되는 것인가. 만약 백석이 그의 시에서 즐거움과 행복을 노래했다면 독자들이 그렇게 빠져들고 위안을 얻을 수 있었을까를 생각해 본다.

문제는 화자가 이 극한의 상황을 견뎌낼 수가 있을까 하는 두려움이다. 결국 화자는 '나는 내 슬픔과 어리석음에 눌리어

죽을 수밖에 없는 것을 느끼는 것이었다'며 죽음을 생각하는 속내를 드러내고 만다. 얼마나 외로웠으면 죽음을 생각했을까. 가슴이 철렁 내려앉는 장면이다. 한 인간이, 그 누구인들 이런 극한의 상황이라면 죽음을 떠올리지 않을까. 아찔한 순간이다. 어떤 역경이 온다고 해도 귀한 생명과 바꿀 수는 없는 일이 아닌가. 죽음은 그 모두를 앗아가 버리는 공허일 뿐이다.

정말 다행으로 시인은 강력하고 결연한 현실극복의 의지를 드러낸다. 굳고 정한 갈매나무를 생각하며 시를 마무리함이다. 갈매나무는 슬프고 아픈 과거의 삶을 털어내고 더 크고 높은 것의 존재를 생각하며 새로운 자아를 깨닫는 상징물로 생각되기 때문이다. 강한 의지를 지향하는 고매한 정신으로 승화되는 순간이다. 빛나는 초인의 모습이다. 안도의 숨을 내쉬지 않을 수가 없다. 절망은 서서히 걷히고 분명 좋은 날이 올 것임을 확신한다. 물론 이 시의 이 부분에 대한 주관적인 해석이다.

어디 일제 강점기의 시인 백석뿐이겠는가. 시대를 초월하여, 의지가 강한 사람들은 이 같은 고통을 이겨내면서 한세상 살아가는 일이 아닐까도 싶다.

나도 마찬가지다. 수많은 그리움과 외로움에 얼마나 아파했던가. 산다는 것은 외로움을 견뎌내기 위한 몸부림 같은 것인지도 모른다. 외로워서 길을 나서고, 험한 산을 오르고, 기나긴 능선을 지나고, 정상을 바라본다. 산 넘고 물을 건너 황량한 들판을 걷는다. 천년의 폐사지에서 허무와 자유와 희망의 빛을 본다. 부서진 탑 너머의 세월을 상상하고 그 너머에 가려진 진실을 연모한다.

때로는 다가갈 수 없는 꿈 앞에서 삶과 죽음, 순간과 영원의 경계를 아우르며 스스로를 위로한다. 절대자에 매달리며 천국을 동경한다. 삶과 죽음은 결국 하나일 수도 있다는 마음으로 주어진 현실에 최선을 다한다. 벗을 그리워하고 사랑을 꿈꾼다. 술 마시고 노래하고 춤도 춰본다. 철학을 탐하며 책을 읽고 글을 쓴다. 한 권의 책을 내고 영원의 세계를 동경한다. 이처럼 산다는 것은 외로움을 이겨내기 위한 숱한 몸짓들이 아닌가 싶다.

외로워서 슬프고, 외로워서 눈물이 나지만, 이 모두가 외로워서 얻을 수가 있는 값진 보석들이다. 외로움이 주는 진실의 선물이다. 그리하여 나는 외롭지만 행복하다. 아니, 외로워서 행복하다.

내 마음속의 선생님

하호준 선생님은 60년대 초등학교 5학년 때 나의 담임이다. 부산이 고향으로 초임 합천군 적중국민학교를 거쳐 첩첩 두메 산골 권혜국민학교에 오셨다. 후리후리한 키에, 굵은 곱슬머리와 커다란 눈매가 선하게 보이는 26세 전후의 청년이었다.

당시 선생님들이 부임해 오시면 주로 아랫마을에서 숙소를 마련했는데 선생님은 내가 사는 상권에 하숙을 정한 특별한 경우였다. 그것도 우리 집 바로 밑에 있는 공형 댁에 계시면서 친형제처럼 보살펴 주셨다. 선생님과 등하교를 했고, 오고 가는 길목의 사계절 변화도 함께 바라보았다. 12세 어린이의 눈으로 보아도 선생님의 사랑을 혼자서 차지한다는 생각이 들 정도였다. 나는 그때 이미 선생님으로부터 편애를 배웠는지 모른다.

어쩌다 하굣길이 여유로울 때는 노래를 가르쳐 주셨는데 동요가 아니라 유행가였다. 부산항구의 낭만을 노래한 「아메리칸 마도로스」였는데 선생님의 18번이었다. 그런데도 선생님은 항시 "남오가 좋아하는 노래 한번 불러 봐라" 하시며 그 노래를 번갈아 부르곤 했다. 노래 가사를 되새기며 부산을 얼마나 사랑하시는지도 어렴풋이 알게 되었다.

흰 눈이 펄펄 날리는 어느 겨울날, 어머니와 함께 큰 개울 옆 언덕에서 하얀 목화송이를 따던 기억도 생생하다. 졸업여행은 아예 부산으로 갔다. 푸른 항구가 환히 보이는 선생님 댁에서 잠을 자고, 용두산 공원에 오른 기억이 남아있다. 나는 그때 현란한 도시의 야경을 처음 보았다. 그렇게 넓은 세상이 있다는 사실에 얼마나 가슴 두근거렸는지 모른다. 선생님은 그런 방식으로 우리에게 사랑을 쏟으셨다.

6학년 2학기는 아예 선생님과 같은 방에서 공부하고 잠을 잤다. 중학교 입시가 눈앞에 다가왔음이다. 당시 중학교에 진학하기 위해서는 입학시험을 쳤는데 경쟁률이 치열했다. 내가 다니는 작은 학교에서는 일 년에 한 명 정도 겨우 붙었다. 복식학급인 데다 교육열의 저조, 두메산골이라는 지역성, 가난 등 열악한 환경이 한두 가지가 아니었다.

선생님께서 한 번은 20리 밖 면소재지에 다녀오시더니 입학할 중학교 모표를 구해 예쁘게 도안까지 하여 내 책상 앞에 붙여주셨다. 내가 그 모표를 달기 위해서는 열심히 공부하는 것만이 유일한 길이라는 것을 깨닫게 함이었다. 그 척박한 땅을 벗어나는 길은 중학교 입학 외는 그 어떤 대안도 없다는 것을 나도 잘 알고 있었다.

결전의 입시 날이 왔다. 선생님은 고사장까지 오셔서 유의사항을 일일이 점검해 주셨다. 이름과 수험번호를 제일 먼저 확인하라. 차분하게 아는 것부터 써라. 절대 당황하지 말라. 세세한 말씀을 몇 번이나 되풀이하셨다. 합격자 발표를 하던 날, 나의 수험번호인 89번이 게시판에 붙었을 때 기뻐하시던 모습은 지금도 생생하다.

중학교 입학시험 합격은 내 인생에서 가장 크고 기쁜 사건이라 할 수 있다. 머릿골을 벗어날 수 있는 유일한 돌파구였다. 중학교 진학을 할 수가 없다면 평생 그 산골에서 가난을 대물림하며 땅을 파고 나무지게를 지며 살아야 하는 것이 숙명이었다. 그것은 그 골짜기에서 태어난 사람들의 업보이기도 했다. 일개 중학교의 합격이 나에게 만큼은 구원의 관문이었음이다.

중학교 입학등록을 모두 마친 2월 어느 날, 선생님께서 우리 집에 오셨다. 교원인사가 진행되는 시기이기도 했다. 아버지 어머니 선생님 나 네 명이 한자리에 앉았다. 무엇인가 무거운 분위기가 육감적으로 느껴졌다. 어쩐지 밑으로 가라앉고 침울했다. 이런저런 얘기를 나누던 중 선생님께서 느닷없이 "남오야, 네가 좋아하는 노래 한 번 불러봐라" 하시는 것이 아닌가. 사실은 선생님이 더 좋아하시는 노래였다. 나는 목청껏 노래를 불렀다.

"무역선 오고 가는 부산항구 제2 부두. 죄 많은 마도로스 이별이 야속 터라. 닻줄을 감으면 기적이 울고. 뱃머리 돌리면 사랑이 운다. 아 아 아 아 아. 항구의 아가씨. 울리고 떠나가는, 버리고 떠나가는. 마도로스, 아메리칸 마도로스."

선생님은 또 이런 말씀을 하셨다. "나는 이번에 다른 학교로 부임해가게 되었다. 남오가 중학교 2학년 때쯤 꼭 한 번 보자. 그동안 공부 열심히 해야 한다."그렇게 헤어지고 말았다.

중학교 2학년이 되기를 손꼽아 기다리며 열심히 공부했지만 선생님은 오시지 않으셨다. 고등학교 2학년이 되고 대학 2학년이 지나도 선생님 소식은 알 길이 없었다. 내가 교사가 되어 능력이 미치는 데까지 수소문해 보았지만 찾지 못했다. 한참의 시간이 더 흐르고 아카시아 꽃향기가 그리움으로 저리는 어느 해 5월, 선생님의 소식이 바람결에 희미하게 스쳤다.

어쩌면 먼 길을 떠나셨을 지도 모른다는 것이었다. 믿을 수가 없었다. 내가 너무 한심하고 후회스러웠다. 선생님에게 미안했다. 돌이킬 수 없는 현실 앞에 망연자실할 뿐이었다. 선생님의 마지막 주소지인 부산시 수영구 남창 1동을 달려 내려갔다. 주인이 몇 번이나 바뀌었다는 낯선 건물에는 서늘한 기운만이 이방인을 맞아줄 뿐이었다.

무거운 발걸음을 돌리며 이런 상상이라도 해 보았다. 부산을 사랑한 청년. 한때 마도로스를 꿈꾸며 항구의 아가씨를 사랑한 로맨티스트. 사랑과 세상을 바꾸었을지도 모르는 순진무구한 영혼의 소유자.

선생님 그립습니다. 저는 아직도 선생님을 기다리고 있습니다. 선생님은 언제나 제 마음속에 있습니다.

욕망의 법칙

사랑에 빠져있던 한 친구의 말이 생각난다. 자기는 마음이 넓어서 누구의 어떤 결점과 고통이든지 이해할 수 있고 상담 역할까지 해줄 수 있다고 믿어왔다는 것이다. 하지만 한 사람을 사랑하게 된 이후에는 자신이 얼마나 작고 옹졸한 그릇인지를 알게 되었다고 고백했다.

사랑하는 사람의 일거수일투족까지 간섭하게 되고 마음 졸이고 실망하게 되는 과정에서 나를 이렇게도 몰랐나 싶어 놀랐다는 것이다. 결과적으로 전혀 알지 못했던 스스로에 대한 욕망을 사랑이라는 현상을 통해서 인식하게 된 경우라 할 수 있다. 그렇다. 사람은 누구나가 자신의 내면에 대하여 깊이 알지 못한다는 사실이 지금까지 심리학자들이 연구한 결론이다. 신기루와도 같은 욕망이란 이름의 저 불가사의한 무의식세계를 헤엄쳐 보고 싶다.

20세기 최고의 심리학자 지그문트 프로이트는 일찍이 인간의 의식구조를 바다에 떠 있는 얼음에 비유하여 도식화한 바가 있다. 물 위에 나와 있는 빙산의 작은 일각이 의식이고 대부분의 전의식과 무의식은 물속깊이 가라앉아 있다는 것이다.

특히 이드(ID)는 무의식의 구름 속에 깊숙이 싸여 전의식이나 의식을 지배할 수 없지만 여러 가지 행위로 반드시 밖으로 발산되어야 하며 억압이 계속된다면 정신적 질병을 초래한다고 주장했다. 이것은 충동적이고 동물과 같아서 선악 가치 등에 대해서는 장님과 같고 정신적 힘의 근원이 된다는 이론이다.

프랑스의 사회 인류학자이자 문학평론가인 르네 지라르는 욕망의 삼각형이란 이론으로 우리에게 잘 알려져 있다. 욕망의 주체는 스스로 대상을 욕망하는 것이 아니라 제3자의 개입을 통해서 욕망한다는 사실이다. 욕망은 자발적 욕망이 아니라 비자발적 욕망이며 욕망모방 현상에서 발원된다는 것이다. 욕망모방은 한 대상을 두고 주체와 제3자 사이에 끊임없이 되풀이 된다고도 한다. 이것이 그 유명한 욕망의 삼각형에 대한 핵심 내용이다.

욕망이라는 메커니즘에는 금지라는 것이 필연적으로 포함돼 있다. 왜 사랑에는 그토록 삼각관계가 많은지를 알 수 있다면 이 사실은 쉽게 이해된다. 사랑하는 주체와 대상 단둘만 있다면 그 무엇도 가열될 것이 없지만 금지라는 제3항이 들어옴으로써 질투라는 욕망이 생기게 되고 사랑은 극렬해지게 된다. 식욕, 성욕, 소유욕, 명예욕, 권력욕 등 인간의 욕망은 매우 무한하고 다양한 차원으로 존재한다. 인간은 동물의 먹이 경쟁과는 비교할 수 없을 만큼 복잡하고 다층적인 욕망을 가지고 있음이다.

깊은 사랑에 빠지게 되면 끊임없이 결핍에 시달리게 된다는 것이 심리학자들의 보편적인 견해다. 사랑을 해도 해도 채워지지 않는 그 무엇이 있기 때문이다. 그것은 왜 채워지지 않는 것일까. 그래서 사랑은 고통과 외로움을 동반한다고 말하는 것일지도 모른다. 레비나스가 사랑의 욕망을 해소하는 방법은 생산이라 했지만 생산으로 과연 모든 욕망은 사라질 수 있을까. 프로이트는 욕망을 충족시킬 수 있는 유일한 대상은 죽음뿐이라 했다. 이것은 실제로 자크 라캉이 그의 이론을 통해 확인해 준다.

프랑스의 철학자이자 정신분석학자인 자크 라캉은 대상을 실재라고 믿고 다가서는 단계를 '상상계'라 하고, 그 대상을 얻는 순간이 '상징계', 여전히 욕망이 남아 다음 대상을 찾아 나서는 과정을 '실재계'라 하며 그의 욕망의 이론을 전개한다. 삶이 지속되는 한 이 과정은 반복되고 이것은 삶의 동력이라는 것이다. 욕망하지 않는 자는 오직 죽음뿐이라는 주장이다.

라캉은 인간의 욕망이 복잡한 이유는 생존의 욕구를 벗어난 곳에 자리하고 있기 때문이라고도 본다. 욕망의 끝없음은 단지 양적인 문제만은 아니고 본질적으로 욕망이 가진 구조의 문제라는 입장이다. 인간이 어떤 대상에게 욕망을 느끼며 다가갈 때 자신의 결핍을 채워 주리라고 믿는다. 그것만 얻으면 더 이상 아무것도 욕망하지 않으리라 생각하지만 그 대상을 얻고 난 후에도 욕망은 여전히 남는다. 욕망은 충족되는 것이 아니라 끝없이 결핍되기 때문이다. 일곱 번 쓰러져도 여덟 번 다시 일어서게 만드는 힘이 있다면 그것은 바로 욕망이다. 인간은 끝없이 욕망의 신기루를 쫓지만 다가가는 순간 그것은 항상 저만큼 물러나고 만다.

결국 라캉의 욕망이론은 인간은 타자의 욕망을 욕망한다는 사실이다. 이 말의 의미는 나는 내가 원하는 걸 추구하는 것이 아니라 남들이 기대하는 걸 욕망하는 것이라고 들릴 수 있다. 여기서 라캉이 사용한 용어는 타인이 아니라 타자라는 점에 주목해야 한다. 타인은 엄연히 나를 제외한 다른 사람을 말하는 것이고, 타자는 물리적으로 외부에 있는 사람이 아니라 내 안에 있는 무의식을 이야기하는 것에 더 가깝다.

타자의 욕망을 욕망하는 삶은 주체적이지 못하고 잘못된 삶이라고 생각하기 쉽다. 타자의 욕망이란 어디까지나 한 사람이 가지고 있는 의식이 전일적이지는 않다는 것이다. 무의식과 의식의 상호 작용은 해결할 수 없는 영원한 숙제이자 운명이라고 이해할 수밖에 없다.

저 아득한 잠재의식 앞에 속수무책의 허탈감만 밀려올 뿐이다. 서정주처럼 너의 닫힌 문 앞에서 '문 열어라 꽃아'를 수없이도 외치고 싶은 심정이다. 자신의 근원을 찾고 그 깊은 무의식의 샘을 건강하게 지켜내는 방법이라도 찾고 싶다.

문득, 자제력과 마음 다스리기야말로 얼마나 중요한 덕목인가를 깨닫는 순간이다. 죽음만이 욕망하지 않을 뿐이라는 라캉의 말이 유달리도 심오해 지는 시간이다.

평범했던 일상의 행복

4월의 봄도 중순을 넘어서고 있다. 눈부시고 황홀하게 다투어 피어나던 봄꽃들도 속절없이 지고 있다. 꽃들이 사라진 자리에는 푸른 녹음이 짙어지며 신록의 절정을 준비한다. 자연의 순환은 이렇게 한 치의 오차도 없이 돌아가는데 인간의 역사는 희로애락의 진폭이 삶과 죽음을 오가는가도 싶다.

지금 지구촌은 중국 우한에서 발생한 코로나19라는 무서운 바이러스로 전 인류가 공포감에서 떨고 있다. 세계적으로 확진 자가 수백만 명을 넘어섰고 사망자도 십만여 명 이상을 돌파하고 있다. 미국과 이탈리아 같은 선진국에서도 전염병으로 죽은 시신을 한꺼번에 처리하지 못해 산더미처럼 쌓여갈 정도라고 전한다. 그야말로 한 번도 겪어보지 못한 세상을 맞이하고 있는 것이다. 참으로 잔인한 봄날이다.

더 큰 문제는 이러한 전염의 추세가 멈출 기미가 없어 그 끝이 어디까지일지 앞이 보이지 않는다는 점이다. 소중한 인명을 크게 희생시킬 수도 있겠다는 불길한 예감도 든다. 핵무기를 장착한 탄도미사일이 인류를 파멸시킬 수가 있고, 4차 산업혁명과 초과학적 인공지능이 현실화되고 있는 최첨단시대라

하면서 이런 전염병 하나 당장 퇴치할 수 없다는 문명의 아이러니가 아프고 통탄스럽기만 하다. 14세기, 전유럽을 초토화했던 흑사병이 21세기에 다시 부활하는 것이 아닌가 싶어 불안하기만 하다.

그러다 보니 우리들의 일상은 정상적일 수가 없다. 확진자가 가장 많이 발생한 대구의 중심거리는 유령도시가 되어 황량할 정도의 찬바람이 불고, 경제는 마비상태이며 소상공인과 영세 자영업자들은 파산의 우려로 아우성을 치고 있다. 마스크를 구하기 위하여 약국 앞에서 긴 줄을 서 있는 모습은 일상사가 되었다. 온 사회가 급격한 변화의 충격 속에 소용돌이치고 있는 모습이다.

초, 중고등학교는 온라인 개학을 4월 중순 이후로 미루었고 대학은 서둘러 영상 수업으로 대체하고 있다. 어쩌면 한 학기 내내 대면 수업은 불가할지도 모를 일이다. 상상도 하지 못한 사상 초유의 일들을 겪고 있는 현실이 되었다.

예방 백신과 치료제가 없는 상태에서 정부에서 할 수 있는 일도 사회적 거리두기, 생활 속 거리두기라는 캠페인 정도가 전부다. 누가 확진자인지 알 수가 없는 상황에서 특별한 일이 없는 한, 사람 접촉을 피해 집 안에 머물러 있어야 한다. 그것도 하루 이틀이고, 몇 주일 정도이지 몇 개월이 이어지다 보니 멀쩡한 사람도 정신적으로 온전하기가 어렵다. 삶에 대한 단단한 수행자가 아니고서야 견뎌내기 어려운 고통이 아닐 수가 없다.

강의가 직업인 나 같은 사람에게는 더욱더 치명적이다. 요즘 나의 하루 일과는 매우 단순하고 제한적이다. 무엇보다도 출근을 할 수가 없으니 답답해서 우울한 마음까지 밀려온다. 사람을 마음대로 만날 수가 없어 적적함도 견뎌내야 한다. 대학 학부생의 수업에 대체할 동영상을 제작하는 일도 힘겹다. 이번 학기에 맡은 '수필문학 창작'은 3학점이라 일주일에 25분짜리 강의 동영상 3개씩을 만들어 탑재해야 한다. 나의 능력으로서는 매우 벅차고 힘겨운 일이다. 영상도 영상이지만 그것을 이 클래스 시스템에 올리고 과제점검 등 학생들과 다양하게 소통하는 일은 더욱 난해하다. 참으로 기가 찰 노릇이다.

생각해 보면, 언제 인류의 역사가 단 한 번만이라도 평화로웠던 시절이 있었던가. 현실은 언제나 생각지도 못한 위기감으로 힘들어했고 경험해 보지 못한 미래는 신산하고 불안할 수밖에 없지 않았던가. 우리의 민족사도 그래왔고 개인사도 마찬가지였다. 분명 미래는 지금 이 악성 전염병의 빠른 전파력보다 더 큰 난관이 또 다가올 것이라 생각한다. 아무리 발버둥 쳐 보아도 다시는 옛날로 돌아갈 수는 없을 것이다. 그런 점을 명심하고 단단히 대비해야 함을 알려주는 예고편일지도 모른다.

이 어려움 속에서도 얻는 게 없는 것은 아니다. 평범했던 일상들이 얼마나 행복했던가를 절박하게 깨닫는 요즘이다. 늘 같은 일을 되풀이하던 고단한 일상이, 퇴근 후 동료들과 생맥주 한 잔 두고 사소한 대화를 나누던 작은 기쁨이, 뭔가 새롭고 특별한 이벤트라도 기다리며 따분하게 느껴지던 일상사가, 얼마나 소중하고 그리운 날들이었는지 악성 바이러스를 만나고 나서야 알게 된다. 일상을 벗어난 소망들이 얼마나 허무맹랑한 꿈이었던가를 진지하고 절박하게 가르쳐 주고 있는 것이다.

지금 이렇게 힘들고 고통스러울 지라도 언젠가는 바이러스는 끝날 것이다. 인구의 상당수를 희생시킬지라도 결국 전염병은 물러갈 것이다. 빠르게 유행한다는 에피데믹에서 세계적 유행이라는 팬데믹으로 확산된다 해도 그 끝자락은 그렇게 멀지 않으리라. 그날이 오면, 그 평범한 일상이 다시 되돌아온다면, 평범함이야말로 얼마나 행복한 일상인가를 마음껏 누리며 새로운 마음으로 살아보고 싶다. 그날이 올 때까지 몸과 마음을 단단히 조이고 닦아서 이 재앙을 반드시 견디고 이겨내야 하리라.

윤 수녀님께

내가 영세를 받은 천주교신자이니 수녀님이라 불러야 될지, 옛날로 돌아가 제자의 이름 '남화'라고 불러야 할지 호칭부터가 걱정이 되군요. 하지만 지나간 과거의 인연도 중요한 것이지만 현재의 모습이 더더욱 중요한 것이라 생각되기에 수녀님이란 호칭을 사용함을 이해해 주시기 바랍니다.

리드비나 수녀님의 편지를 받고 난 나의 감정이 얼마나 복잡했는지 모릅니다. 너무 감격적이고, 놀랍고, 세월의 무정함에 울어버리고도 싶고, 슬픔도 겹치고, 이루 말할 수가 없습니다.

하지만 다시 마음을 정리해 보니 그 옛날 착하디착한 남화가 하느님의 자녀로 다시 태어났다니 장하고도 대견스럽습니다. 또한 수녀님 제자를 둔 나의 마음도 날아갈 듯이 감격스럽고요. 축하드리고 거듭 축하드립니다. 그 옛날 낙엽 떨어지는 가을날 '신정'이라는 제자가 수녀원에 간다고 학교에 들렀을 때 반월산 언덕에서 이야기를 나누며 다시 한 번 생각해 보라고 설득한 적이 있었는데 이번에 나의 감정은 전혀 다르게 다가옵니다.

수녀님, 아직은 수녀원 생활에 익숙하지 못한 초년 수녀님이

시겠군요. 내 주위에 계시는 수녀님들의 말씀을 종합해 보면 수녀원 생활이 쉽지가 않다는데 어떻게 적응해 갈지가 걱정이 됩니다. 하지만 성소를 생각해 봅니다. 하느님의 부르심에 대한 응답이라고 생각한다면 그 모든 것을 하느님 뜻에 맡기고 오직 그분께 순종하는 마음으로 하루하루를 임한다면 모든 것은 극복될 것이라 믿습니다.

돌이켜 보면 그 옛날 문예반 시절 '남화'의 모습이 생각납니다. 4월이 되어 문예반 신입생 환영회를 할 무렵이면 조금씩 쌀을 모아 학교 근처 방앗간에서 떡을 해서 떡 함지를 이고, 주위 시선 피해가며 문예실에 들어서던 그 순수한 모습이 떠오릅니다. 대외 백일장에 나갈 때면 언제나 '입상'이라는 부담감 때문에 안절 부절하던 얼굴도 겹치고요. 교지편집을 위하여 겨울방학 그 추운 날 하루도 빠짐없이 인쇄소를 드나들던 모습도 생각납니다. 그때 그 순수하고 순박한 소녀를 하느님께서는 결국 당신의 자녀로 선택하고 말았습니다.

어떻게 생각해보면 이렇게 복잡하고도 다난한 세상의 소용돌이를 외면한 채 곧바로 하느님의 품속으로 들어감이 부럽기만 합니다. 속세를 사는 사람들이란 언제나 슬퍼해야 하고, 갈등을 겪어야 하고, 때로는 한없이 사람들을 미워해야 하는 고통의 연속일 때도 있을 것입니다. 그러한 고통을 통해서만이 하느님을 만날 수 있는 보통사람들에 비하면 얼마나 행운입니까. 이왕 내친 길 종신서원을 받을 때까지, 그 이후로도 튼튼하고 믿음직한 하느님의 자녀가 되어 상처받고 스러져 가는 영혼들을 어루만지는 착한 목자가 되길 기도하겠습니다. 그것이 어쩌면 사람으로서 이 세상에 태어나 할 수 있는 가장 값진 일일 것이라고 나는 확신하는 것입니다.

　아무쪼록 건강하시고 다음 편지 드릴 기회가 있을 때까지 내
내 안녕히 계십시오.

　여고시절 국어선생 백남오 드립니다.

　어느 따뜻한 봄날에

돈에 대한 사색

세상에서 돈을 부정할 사람이 있을까. 자본주의사회에서 돈은 목숨과 같은 것이요 삶의 목표라 해도 크게 틀린 말은 아니다. 실제로 돈만 있으면 그 어떤 바라는 것도 거의 다 얻고 해결할 수 있다.

그래서일까. 돈으로 열리지 않는 문은 없다. 주머니에 돈이 있는데도 교수형을 당할 사람은 없다. 돈이 있으면 악마의 시중도 받을 수가 있다. 지옥으로 굴러 떨어져도 돈만 있으면 살아 나온다. 유전무죄이고 무전유죄다. 등등 돈에 대한 명언들도 넘쳐난다.

일류학교에 가기 위해 사교육과 입시학원이 메워지는 일도 궁극적으로는 많은 돈을 벌기 위한 과정으로 생각하기 때문이 아닐까. 높은 지위를 얻고 많은 돈을 벌어서 보다 편한 세상에서 살아갈 수 있다면 그보다 더 좋은 일은 없을 것이다. 그리하여 사람들은 너도나도 마치 인생의 목표 전체가 돈이라도 되는 양 돈을 벌려고 아우성을 지르고 있는 듯이 보인다. 오로지 돈, 어딜 가도 돈 돈이다.

돈을 위해서라면 인면수심의 행동까지도 서슴지 않는 것이

배금주의에 물든 오늘날 현대인의 현주소일지도 모른다. 이쯤 되면 돈은 행복을 보장하는 파랑새가 아니라 비극적이고 무서운 불행의 씨앗이 되는 것이 아닐까 싶다. 과연 돈이 생명이라도 담보할 만큼 중요한 것일까. 도대체 사람이 행복해지는 데는 얼마만큼의 돈이 필요할까.

나는 평생을 월급쟁이로 살아왔다. 한 푼도 쓰지 않고 평생을 모아도 전체 액수는 유리알처럼 투명하다. 수도권의 작은 아파트 한 채도 살 수 없는 돈이다. 어떨 때는 봉급날이 되기도 전에 다 써버리기도 하고, 받는다 해도 며칠이 지나면 없어져 버린다. 평생을 저축 한 푼 못하고 살아왔음은 너무나 자연스러울지도 모를 일이다. 언제나 돈이 부족했고, 궁했고, 아쉬웠다. 늘 마이너스 통장의 압박감을 받으며 살아왔다.

그래도 참 신통하기만 하다. 늘 허기지고 허덕이면서도 두 아이를 키워서 독립시켰고, 늦은 나이지만 조그마한 아파트 한 채는 분양받았다. 그 집에서 이사 한 번 하지 않고 30년 가까이 살고 있다. 그런 가난한 생활에 적응이 되어서일까. 퇴직을 한 지금에 와서는 크게 부족함을 느끼지 못하고 있다. 하루 밥 세 끼 먹고, 내 집에서 편하게 잠자고, 가끔 생맥주도 마신다. 이만하면 족한 것이 아니냐고 반문해볼 정도다. 물론 평생을 맞벌이해 준 아내의 도움이 있다.

나는 지금껏 살아오면서 저축도 못 했지만, 그 흔한 주식투자도 못해 봤다. 부동산을 사서 팔아 이익을 남긴다는 재테크란 문외한을 넘어서 무지에 가까울 정도다. 펀드 투자 같은 것은 이름조차도 생소하다. 자랑은 아니지만 도대체 관심이 가지 않는다. 남이 주식투자를 해서 돈을 벌고, 부동산 투자를 해서 건물의 층수를 올리면 그게 부러워서 나도 해봐야지 하는 오기라도 생겨야 할 텐데, 전혀 그렇지가 않다. 내가 그런 이재에 관심이 있었다면 기를 쓰고 주식투자도, 부동산 재테크도 열심히 했을 것이다. 하지만 나는 봉급쟁이의 한계를 알았음인지 무능함 때문인지 돈을 버는 일에는 별로 흥미를 느끼지 못했다.

그렇다고 나에게 돈에 대한 계산이 전혀 없었던 것은 아니다. 나의 계산법은 두 가지였다. 하나는 적으나마 매달 봉급이 나오니 봉급만큼만 살자는 것이고, 또 하나는 퇴직 후에는 연금만큼만 살면 된다는 것이었다. 대신에 절대로 빚을 져서는 안 된다는 항심만은 확고하게 다지고 또 다졌다. 그 계산법이 통했고 여기까지 오게 되었다. 지금은 연금에다 강의료까지 보태어 쓰니 풍족하지는 못해도 부족하지도 않다. 멀리서 벗이라도 찾아오면 하룻밤 묵으며 식사와 술 한 잔 살 수 있는 여력은 된다. 이만하면 더 이상을 바라서 무엇 하겠는가 싶다.

돈이란 많이 가지면 좋겠지만 잘 쓰는 것이 훨씬 더 중요하다고 생각한다. 빌딩 속에 수억 원을 묻어두고서도 소중한 사람에게 밥 한 끼 살 수 없을 정도라면 그런 돈이 무슨 소용이 있겠는가. 나를 위해서도 이웃을 위해서도 돈은 써야 가치 있고 빛나는 것이다. 나는 인색한 부자는 조금도 부럽지가 않다. 인색함은 그 부모도 자식을 싫어한다고 하지 않았던가. 내 호주머니 속의 현금이 더 든든하고 기를 살려줄 뿐이다.

나에게는 돈보다 더 부러운 것이 있다. 좋은 글로 문학사에 이름을 올리는 문인학자들이다. 어떻게 그렇게도 감동적인 글을 써서 사람의 마음을 흔들 수가 있을까. 이렇게도 결 고운 언어를 조탁하여 사람의 자존심을 빼앗아 가는 것일까. 저런 대작을 남겨 인류의 문화사에 이바지하고 큰 발자취를 남길 수가 있는가. 참 많이도 부럽고 스스로 작아짐을 느낀다.

부러움은 또 있다. 아예 돈을 초월하여 사는 성직자들이다. 그분들은 돈을 추구하기는커녕 자신의 전부를 봉헌하는 삶을 살고 있다. 그게 인간으로서 가능한 일이기는 할까. 사람으로 태어나 멋진 이성을 만나 사랑에 빠지고 결혼하여 자식을 낳아 대를 잇게 하는 것은 본능에 가까운 일이 아닌가. 그 천륜의 법칙마저도 기도와 희생으로 절대자를 향하여 순종하는 것이다. 얼마나 숭고한 삶인가. 나로서는 도달할 수 없는 경지이기에 인간적으로 한없이 높고 존경스럽기만 하다.

세상에는 돈보다 더 가치 있는 것도 있다. 분명, 돈이 전부인 것은 아니다. 돈으로 절대 이룰 수 없는 것도 반드시 있어야 한다. 양심은 돈으로 살 수가 없다. 진정한 사랑을 얻는 일도 돈으로서는 불가하다. 따뜻한 인간적 신뢰도 돈을 초월한다.

돈의 힘으로 반칙과 특권이 용인되는 세상은 너무 슬프다. 가난해서 밟히고 눈물을 흘리는 슬픈 세상이 되어서는 안 된다.

30년

　나에게는 어떤 고정관념 같은 것이 하나 있다. 무슨 일이든지 그 분야에서 전문가 소리를 들으려면 30년 이상은 몸을 담아야 된다는 것이다. 그 정도의 시간과 열정을 쏟아 부었을 때 제대로 된 장인이 되고, 자신의 소리를 낼 수가 있으며 주인의식을 가질 수가 있다고 생각한다. 하나의 일에 30년 이상을 종사했다면 적어도 그 분야에서만큼은 성공한 인생이 아닐까 싶다. 가진 것과 지위의 높고 낮음은 그 다음의 문제라고 본다.

　30년은 한 세대를 가르는 세월이다. 어린아이가 성장하여 부모의 가업을 계승할 때까지 걸리는 시간이며, 한 생명이 생겨나서 생존을 끝마칠 때까지의 평균기간이기도 하다. 한 인간이 한 생애를 바쳐 일할 수 있는 시간의 전부라 해도 과언이 아니다. 조선시대 사람의 평균수명이 40세 전후였음을 상기한다면 30년은 인간에게 주어진 가장 거룩한 시간이다.

　돌이켜보면 나는 평생을 가르치는 일만 해왔다. 배움이 끝난 27세에 여고 국어교사를 시작으로 33년이란 세월을 한자리에서 머물렀다. 그 이후에는 대학으로 자리를 옮겨 10년 동안 강의를 계속해 오고 있다. 그 세월이 모두 40년을 넘어선다. 그

것도 오직 국어와 문학이라는 한 주제만을 붙들고 매달리고 전념해왔다. 나는 이 일을 소명의식으로 생각하기에 간절한 마음 하나로 혼신을 다해 노력했다. 그래도 내가 감히 가르치는 전문가라고 말하기는 부끄러운 면이 더 많다. 지식은 부족하고, 인격은 미숙하며, 덕망은 너그럽지 못함을 스스로 인정하고 느끼니 말이다.

30년 이상을 간직해온 우정도 있다. 대학 신입생 시절인 1974년에 학보사에서 만나 지금까지 변함없이 주기적으로 교류하는 벗이다. 함께 아이들을 키우며 인생사 기쁜 일 슬픈 일도 더불어 나누어 왔다. 동남아로, 유럽으로, 미국으로, 세계여행을 다니며 보낸 세월도 무려 50년이다. 이제는 내 인생의 뿌리가 되었을 정도다. 물론 10년, 20년 정도 친하게 지내다 떠나버린 이들도 부지기수다. 아무리 애를 쓰고 공을 들여도 가는 인연은 붙잡을 수가 없었다.

참 알 수 없는 것은 직장의 인연이다. 직장생활을 할 당시에는 그곳이 인생의 전부인줄 알았다. 그 이후의 삶은 상상하지도 않았다. 직장이 삶의 최우선 순위였으며 상사와 조직을 위하여 전부를 바쳐 충성했다. 30년이란 세월 동안 직장생활을 했지만 지나고 보니 바람처럼 지나간 한순간이요 마디였을 뿐이다. 황망하고 쓸쓸하지만 겸허하게 받아들일 수밖에 없다.

결혼은 28세에 했으니 한 40년 정도 가정을 지켜왔다. 그동안 아들딸 낳고 손자 손녀까지 보았으니 운이 좋은 셈이다. 맞벌이 1세대로서, 늘 바쁘고 아옹다옹하면서도 진지하게 살아왔다고 생각한다. 부부는 오묘한 인연이어서 멀어져도 안 되겠지만 너무 밀착해도 도움이 되지 않을 수도 있다. 나는 서로의 고유한 세계를 인정하면서 인생 전체를 바라보며 담담하게 걸어왔다. 때로는 믿고 의지하고, 또 때로는 미안해하면서 긴 세월을 함께 해왔다. 부부는 소유하는 것이 아니라 동반자의 관계라는 것이 나의 변함없는 철학이다. 그래야 서로의 꿈을 자유롭게 지켜줄 수가 있고 힘이 될 수가 있다는 생각이다.

술과 담배는 고3 때인 18세부터 본격적으로 했다. 담배는 51세에 끊었으니 약 33년 정도 피웠다. 혈기왕성했던 시절에는 하루에 2갑까지 피운 적도 있다. 담배는 낭만이고 멋이었으며 정신적인 위안이기도 했다. 담배를 끊게 된 것은 건강을 위해서가 아니라 목의 통증 때문이었다. 말하는 것이 직업이다 보니 담배연기로 인한 아픔을 견뎌낼 수가 없었다. 술은 아직도 변함없이 진행 중에 있으니 50년 이상을 마신 셈이다. 도대체 왜 그렇게 마셔댔을까. 세상을 맨 정신으로 대하기는 좀 그랬다. 몽롱한 상태에서 바라보는 세상이 든든하고 아름다웠다. 두려운 일 앞에서는 술이 위안이었다. 기뻐서도 한잔이고 슬퍼서도 한잔이란 말이 딱 맞았다.

지리산도 30년 정도 올랐다. 33세 가을에 천왕봉을 시작으로 67세 봄 웅석봉과 달뜨기 능선까지 긴 세월동안 땀방울을 쏟아 부었다. 지리산은 기본적으로 8시간 전후의 산행을 해야 할 만큼 큰 산이다. 실체도 없는 유토피아를 찾아 그 산을 3백여 회 이상이나 헤매고 다녔다. 그래도 지리산을 모두 섭렵했다고 장담할 수는 없다. 빠져들수록 새로운 이상향이 저 멀리서 손짓하고 있을 뿐이었다. 아직도 도달하지 못한 새로운 영역이 있어 지리산은 언제나 그리움으로 설레게 한다. 이만하면 병도 중증이라 할만하다. 이제 무리한 산행은 멈출 때가 되었다. 막상 지리산을 졸업하려니 새로운 친구들이 다시 불러 내고 있는 것만 같아 갈등을 겪기도 한다.

직장, 우정, 결혼, 담배와 술, 지리산은 30년 이상을 온 힘을 다해 집중해서 이어왔다. 그것이 내 삶의 전부일지도 모른다. 적어도 이런 분야에 대해서만큼은 성공한 삶이라고 위안해 본다. 그렇다고 그것에 대하여 잘 안다고 말할 수는 없다. 전문 가는커녕 절레절레 고개가 흔들릴 때가 더 많다. 그 도에 도달하지 못했음을 뼈저리게 느낄 뿐이다. 대체 얼마를 더 가야 그 끝이 보일까 싶다.

아직 30년 세월에 미치지 못하는 일도 많다. 작은 아파트에 28년째 살고 있고, 손주는 태어나 겨우 십 년 정도 바라보았다. 꼭 30년을 채우고 싶은 것이 문학 활동이다. 가장 왕성하게 열정을 쏟아 붓고 있는 분야가 문학이기도하다. 늦은 51세에 등단을 했으니 81세가 되어야 30년이란 시간을 채운다. 아직도 10년 이상은 열심히 쓰고 또 절차탁마해야만 한다. 그래서 부담스러운 것이 아니라 꿈을 가질 수가 있어 다행이다.

내 삶의 존재 이유인 문학을 생의 마지막 화두로 안고 갈 수 있음이 얼마나 행운인가. 남은 삶은 등단의 초심으로 오래오래 설레며 심금을 울리는 글 한 편 남기는 일에 매달리고 싶다.

나의 음주이력서

  나는 분명 자타가 공인하는 술꾼이라 할 수 있다. 어림잡아도 40년 이상은 꾸준히 술을 마셔 왔으니 말이다. 젊은 시절 한때는 거의 매일 술독에 빠져 사는 날도 있었을 정도다.

  내가 술을 공식적으로 마시기 시작한 것은 20대 초반 대학에 입학하면서 부터다. 대망의 대학생이 되고 4월의 봄날 첫 세미나를 갔는데 그때의 진풍경은 아직도 선명히 남아있다. 국어교육과 선배들이 신입생들 줄을 세워놓고 커다란 바가지를 술잔 삼아 막걸리를 권하고 있는 것이 아닌가. 대학은 지성의 전당이란 이미지가 굳게 새겨져 있어, 매우 긴장된 마음가짐을 하고 있던 터에 그런 풍경은 이변이자 충격이었다. 어쩌다 술을 못 마시는 학생의 차례가 다가오면 그래가지고서야 어떻게 문학을 하겠느냐며 핀잔을 주기까지 했다.

  드디어 내 차례가 왔다. 내심으로는 쾌재를 부르고 있었다. 단숨에 한 바가지를 다 마시고 한 잔을 더 청했다. 그때 옆에 계시던 학과장님께서 씩 웃으며 한 말씀 하셨다. 멋진 녀석이 우리 과에 들어왔으니 한 잔 더 주라며 추켜세워 주시는 게 아닌가. 대학에서 처음 받은 칭찬임은 물론이다. 그동안 꼭꼭 숨어서 몰래 마시던 술이 칭찬의 대상이라니 놀라운 역설이었다. 세상이 완전히 뒤바뀐 것임을 실감했다.

지성의 전당이란 이런 곳이로구나. 역시 대학은 멋지고 낭만의 성소라 여기고 기회 있을 때마다 친구들과 어울려 마음 놓고 술판을 벌였다. 술집은 주로 학교 정문 옆으로 길게 늘어선 허름한 포장마차였다. 쭈그러진 양은주전자에 담긴 막걸리와 무를 듬뿍 썰어 넣은 오징어 회무침 안주가 전부였다. 그야말로 번지 없는 주막이었지만 분명 가난한 학생들의 아지트였고 대학의 상징이었다. 그곳에서 우리는 미래와 학문에 대한 꿈을 꾸고 문학을 토론하며 젊음을 불태웠다. 교수님을 모시고 종강파티를 하는 특별한 날에는 가포로 나가 소주에 콜라를 타서 마셨다.

그렇게 대학을 졸업하고 교사가 되어 여고에 부임했다. 커다란 교무실에는 백여 명 가까운 선생님들이 근무를 해, 한 달이 지나도 누가 누구인지 분별이 어려웠다. 어떻게 처세를 해야 될지도 감이 잡히지를 않았다. 그러던 어느 날 선배교사로부터 한 잔하자는 제의를 받았다. 많이 조심스러웠다. 술을 잘 마셔도 못 마시는 척 해야 되는 것이 아닌가 생각했을 정도다. 그것은 모두가 기우였다. 술을 잘 마시는 것이 자랑은 아니지만 자신을 보여줄 수 있는 기회는 될 수도 있다는 것이다. 대학의 국어과 분위기와 크게 다르지 않았다. 이미 그런 직장문화가 형성되어 있었다. 그 배경에는 주흥 분위기를 좋아하는 상사가 있다는 말도 들었다. 그리하여 나는 이 직장에서 술을 본격적으로 마시기 시작했고 가장 많이 마신 시기가 되었다.

술만큼은 자신이 있었다. 술로써나마 존재가치를 드러내고 싶었다. 당시 직장 내에서는 주당 서열이 정해져 있었는데 상위권에 속하면 가는 곳마다 환영을 받았고 대우를 해주었다. 그게 부럽기까지 했다. 순위권에 들어가려면 많이 마시는 것도 중요하지만 주종 청탁불문이어야 하고, 어지간히 취해서는 실언을 하지 않아야 하며, 무엇보다 매너가 좋아야 한다는 엄격한 규정이 깔려 있었다. 그러니 주정뱅이급으로 매일 술을 마셔대는 사람도 이 랭킹 안에 들어가기는 쉬운 일이 아니었다. 그런 환경에서 나는 입사 5년 만에 주당 5위권에 진입하는 기염을 토했으니 얼마나 열심히 마셔댔을까 싶다.

직장에서 처음으로 맥주를 배웠고 본격적인 술집의 지형도도 알게 되었다. 포장마차, 간이주점, 스탠드바, 통술집, 가라오케, 나이트클럽, 카페 등의 분위기에 흠뻑 젖어보기도 했다. 언제나 얄팍한 주머니 사정이 아쉬웠지만 마음 하나만은 그무엇도 거칠 것 없는 부자였다. 월급을 현금으로 받던 시절, 봉급봉투를 통째로 맡기고 호기를 부리며 통 크게 놀던 생각도 난다. 자주는 아니지만 분명 그런 시절도 있었다.

그때는 직장이 전부인 줄 알았다. 직장 이후의 삶은 상상하지도 못했다. 인생 전체에서 본다면 직장생활도 한순간 지나가는 바람 같은 것이라는 걸 그때는 몰랐다. 그러다 보니 술을 마시면서 나누는 대화도 직장 안에서 일어나는 얘기가 전부였다. 상사에 대한 불평, 인사에 대한 불만 등으로 시작하지만 결국은 아이들에 대한 관심이 중심을 이룬다. 우리 반 농땡이, 앞 반에 그 공부 잘하는 아이, 뒷반의 춤 잘 추는 아이, 등등의 이야기다. 하고 또 하고 다시 해도 끝이 없는 얘기들이었다. 그러다가 취기가 오르면 느닷없이 우리 집에 가서 한잔 더 하자며 집으로 술꾼들을 끌어들이기까지 했다. 늦은 밤 곤히 잠든 식구를 깨워 술상을 차려내라고 보챌 때는 거의 주폭의 경지라 할 수 있는 수준이었다.

술을 가장 많이 마신 기억으로는 4박 5일간이다. 매일 마시는 술친구들과 함께였다. 연휴를 앞두고 놀이가 이어지면서 자연스럽게 진행이 되었다. 5일째 되는 날은 불안하고 황폐해서 투항하고 말았다. 주량을 따지자면 맥주 백병이상은 될 것이다. 고주망태가 되어서 나타난 가장의 모습에 실망한 아내를 생각하면 지금도 민망해서 쥐구멍에라도 들어가고 싶다. 그때 나는 뭐니 뭐니 해도 세상에서 가장 고생하는 여인은 술꾼의 아내라고 단정 지었다. 술 취한 사람 뒤치다꺼리하는 마음은 부처님 급이 되어야만 한다. 세상의 그 어떤 주당도 아내에게만은 고마워해야 된다는 것이 변함없는 철칙이다. 적어도 술에 대해서만은 아무리 달콤한 명분으로 포장한다 해도 그것은 선이 아니라고 생각한다.

나의 젊은 날은 술과 함께 지나갔다 해도 과언이 아니다. 정말이지 아찔하고 기억하고 싶지 않은 순간들도 많다. 운 좋게 살아남은 것이 천만다행이다 싶을 정도다. 도대체 왜 그렇게 마셔댔을까. 유전자 탓이라 해도 좋다. 술 조직을 이탈하기도 어려웠다. 세상이 좋든 싫든 맨 정신으로 대하기는 좀 그랬던 면도 있다. 조금은 몽롱한 상태에서 바라보는 세상이 든든하고 아름다웠다. 두려움과 불안한 일을 앞두고는 술이 위안이었다. 아무리 어려운 현실도 그 순간만은 모두 잊을 수가 있음이다. 기뻐서도 한잔이고 슬퍼서도 한잔이란 말이 딱 맞다. 그렇게 젊음은 화살처럼 지나가고 인생의 가을을 맞이했다.

이제 문학세계가 새로운 삶의 무대가 되었다. 여기도 술판은 마찬가지다. 젊은 문인들은 소주로 밤을 지새운다. 모든 문학 행사는 마치 술을 마시기 위한 사전준비 작업으로 생각될 때도 있었다. 뒤풀이란 이름으로 그렇게 마셔댔다. 하지만 이제 그런 술자리들은 모두 옛날 얘기가 되고 말았다.

요즘은 수필 강의가 있는 날, 수업 후 문우들과 시원한 생맥주 한 잔으로 회한을 달랜다. 강의실에서 다하지 못한 얘기를 안주삼아 마시는 정도다. 그냥 청량제요 활력소다. 정말이지 술로 인해 한세상 행복했다고 감히 말하고 싶다.

머릿골 우체부 아저씨

내 고향 머릿골, 깊고 깊은 두메산골. 대학졸업 직후인 1980년대 초, 나는 그곳에서 본격적인 사회진출을 앞두고 몇 개월간 생활했다. 어머니가 해주시는 따뜻한 밥을 먹으며 그동안 객지 생활의 애환을 풀어내고 기나긴 인생길을 걸어갈 재충전의 시간을 보내고 있었다. 비록 짧은 몇 개월이었지만 고향의 품속에서 부모님과 마지막으로 보낸 가장 따뜻했던 시절로 남아 있다.

낮에는 주로 산에서 땔감으로 사용할 나무를 하면서 보냈지만 유일한 즐거움은 우체부 아저씨를 기다리는 일이었다. 산간벽지라 일주일에 월, 수, 토 3일만 우체부가 왔다. 전보도 대개 그날이 되어서야 배달되었다. 빨간 백을 맨 멋진 아저씨가 어쩌다 기다리는 편지라도 전해주는 날이면 하늘을 날아오를 것 같은 기쁨에 온몸을 흔들어댔다.

어떨 땐 산에서 나무를 하다가도 멀리 동구 밖에서 아저씨가 오는 모습이 보이면 하던 동작을 바로 멈추고 비호처럼 달려내려와 아저씨의 빨간 백 속의 사연들에 촉각을 곤두세우곤했다. 기다리는 편지가 없을 때는 또 3일을 기다려야 한다는 허허로움 때문에 한없는 절망의 나락으로 빠지고 만다. 또다시 3일 후를 약속하며 고개 너머 진등재로 향하여 떠나시는 아저씨의 뒷모습이 사라진 후에야 나무 짐을 추스려 내려왔다.

사실 아저씨의 그 빨간 백 속에서는 내 삶의 가장 중요하고 값진 미래와 희망들이 나왔다고 해도 과언이 아니다. 고등학교 합격통지서, 대학입학예비고사 합격증, 대학등록금 고지서, 입영통지서, 젊은 날의 풋풋한 사랑의 연서까지 굵직굵직한 인생 역정들이 요술 같은 그 빨간 백을 통해서 받았으니 말이다.

하루는 줄기차게 내리는 비 때문에 아저씨가 오시는 날이기는 하지만 설마 오실까 하고 포기한 적이 있다. "에라 모르겠다. 3일을 더 기다리자." 이렇게 슬픔을 억누르고 있는데 이게 웬일인가. 아저씨가 오신 것이 아닌가. 멀리 울주에 사는 여동생의 안부 편지와 대학졸업 후 제약회사에 취업해서 잘 적응하고 있다는 친구의 소식을 전해 주셨다. 얼마나 기뻤던지. 그리고는 또 산 넘어 20리 길을 타박타박 걸어서 떠나셨다.

고맙고 보고 싶은 그리움의 전령. 이 빗속의 진등재를 무사히 넘어서 3일 후에 오실 때는 더 큰 기쁜 소식을 한 아름 안고 오소서. 애타도록 그리워서 기다리는 고등학교 교사 발령장도 그때는 꼭 가지고 오시겠지요. 오직 한 사람 아저씨만 믿고 기다린답니다. 그렇게 수없이 기도하기도 했다.

우체부 아저씨는 꿈의 화신이자 희망이요 신화였다. 그냥 아저씨가 기다려지고 그리웠다. 아저씨에게서 느껴지는 그 설렘이 좋았다. 어떤 사연들도 모두 아저씨가 준 것처럼 고마웠다. 아저씨는 분명 오늘과 내일의 행복을 꿈꾸게 해주는 별과 같은 존재였다.

　지금 생각해보면 동화 같은 얘기지만 분명 그런 시절이 있었다. 너무나 생생하게 기억 속에 저장되어 있다. 격세지감이란 말로도 설명할 수 없을 만큼 시대가 변하고 발전했다. 컴퓨터를 넘어서 스마트폰 하나로 모든 소통이 해결되는 꿈같은 시대를 살고 있다. 왜 자꾸만 그때 그 시절이 눈앞에 아련 거리는 것일까.

　그 알 수 없는 울컥울컥한 그리움 때문에 오는 주말에는 머릿골에라도 한번 다녀와야겠다. 멀리 진등재를 바라보며 우체부 아저씨의 안부라도 물어봐야겠다. 그 희미한 흔적이라도 찾을 수 있다면 나는 춤이라도 추겠다.

눈물

내 속에 있는 눈물이 다 말라 버린 줄 알았다. 살아오면서 하도 많이 울어서 이제는 아무리 짜내도 눈물 같은 것은 나오지 않으리라 믿었다. 아파서 울고 서러워서 울고 밟혀서도 울었다.

젊은 시절에는 고향이 그리워 울고 꺾여진 꿈 앞에서 울고 사랑 때문에도 울었다. 중년을 넘기면서 삶이 힘들어 울고 초라한 자신의 존재감 앞에서 한없이 울었다. 울지 않는 법을 배워, 울지 않고 살려고 그렇게 발버둥쳐 보았으나 나는 한평생을 울면서 울보로 살아온 것만 같다.

이제는 한 갑자 넘겼으니 눈물하나쯤은 다스릴 수 있으리라 생각했는데 그게 아니었다. 아직도 내 안에는 눈물샘이 서리서리 고여 있음을 알고 스스로도 깜짝 놀랄 때가 많다. 요즘 들어서 자주 눈물이 난다. 엊그제도 나는 목 놓아 울었다. 흐르는 눈물을 주체할 수가 없었다.

지리산을 완결하는 나의 네 번째 작품집『지리산 종석대의 종소리』가 나왔을 무렵이다. 푸른 6월에 문우들과 머릿골 고향집을 방문해 부모님 산소에 들렀다. 언제나처럼 그렇게 책 한 권을 올리는 순간, 울컥 솟구치는 그 무엇에 목이 메어 눈

앞이 아득했다. 전혀 뜻밖의 황당함에 얼마나 놀랐는지 모른다. 벗들에게 민망해 억누르며 참으려 했지만 눈치고 체면 같은 것은 나 혼자만의 감정일 뿐이었다. 누를수록 더 거센 물결 같은 슬픔이 몰려왔다. 눈물은 내 감정의 마지막 무늬인가. 그냥 퍼질러 앉아 하염없이 울고 또 울었다.

글 한 자 모르는 아버지께서 자식만은 키워서 학교급사라도 만들어야 한다는 서러운 꿈 생각 때문이었을까. 우리 아들 장하다는 어머니의 칭찬 한 마디 듣고 싶어서였을까. 갑자기 보고 싶어 숨이 막힐 것만 같았다. 돌아가실 때만 해도 사람은 그냥 누구나 자연의 순리에 따라 앞서거니 뒤서거니 가는 것이라 생각했다. 그런 부모님이 왜, 세월이 흐를수록 나이가 들수록 이렇게도 사무치게 그리워지는 것일까. 더더욱 깊어지는 그리움 앞에 마냥 눈물만 삼킬 뿐이다.

아버지, 어머니 정말 보고 싶습니다. 그립습니다.

.

수필사랑과 인간사랑에 사는 사람

이승하(시인, 중앙대학교 교수)

백남오 선생님께

안녕하십니까? 이 엄혹한 시대에 산 좋아하고 친구 좋아하고 술 좋아하는 백 선생님의 근황이 궁금하던 차, 제5 수필집 원고를 메일로 보내주시니 놀라지 않을 수 없습니다. 2018년 5월에『지리산 종석대의 종소리』를, 2021년에는 선집『겨울밤 세석에서』를 읽었습니다. 작년에 첫 평론집 출판에 이어 또다시 45편의 수필을 썼으니 왕성한 필력에 놀라움을 금할 수 없었던 것입니다. 그런데 앞서 내신 지리산의 4계를 담은『지리산 황금능선의 봄』,『지리산 빗점골의 가을』,『지리산 세석고원의 여름』,『지리산 종석대의 종소리』등과는 좀 다른 내용으로 이루어진 수필집입니다. 그 '좀 다른 내용'에 대해 제 나름대로 탐색을 해볼까 합니다.

제4부의 첫 수필이 「일출을 기다리며」입니다. 새해 첫날 해돋이 광경을 보기 위해 마산에 있는 무학산 학봉에 오르면서, 그리고 정상에 올라가서 느낀 바를 쓴 글입니다. 내년이면 나도 칠순이라는 말이 나옵니다. 그러니까 60대의 마지막 정월 초하루에 해돋이 구경을 한 것입니다. 60대와 70대는 또 다르다고 하는데, 내년에는 감회가 다를 수밖에 없겠지요. 저는 이 글의 몇 구절에 눈길이 오래 머물렀습니다.

민초들은 정말 순수하고 착한 영혼을 가졌다는 생각이 든다. 대다수의 백성은 나라가 시키면 시키는 대로 한다. 백신을 맞으라면 맞고, 거리 두기를 하라 해도 별로 불평하지 않는다. 백신의 부작용으로 무고한 생명들이 죽어나가도 운명으로 돌리며 체념하고 만다. 설령 정치적인 거리 두기를 강요한다 해도 스스로 점포 문을 닫고 목숨을 끊을지언정 누구를 탓하지도 않는다. 오늘처럼 이렇게 새해 일출을 포기하고 집 안에 있으라면 그냥 말없이 집 안에서 머물 뿐이다. 그런 백성이고 국민이 아닌가. 정말 신기할 정도로 순박한 영혼이다. 그런 백성을 정략적으로 이용하고 갈라치기하고 억압하는 세력이 있다면 천벌을 받아야 마땅하리라.

바로 이 땅에서 잡초처럼 살아온 백성들, 즉 장삼이사들을 묘사하고 있는 구절입니다. 나라에서 하라면 그대로 따르는 온순한 백성들과 명령하는 그 '나라'는 상반된 이미지를 지니고 있습니다. 백성은 근대 시민사회의 전개와 함께 시민으로 명칭이 바뀌게 됩니다. 시민들은 그저 가족과 평안하게, 무탈하게, 행복하게 살기를 원하는데 나라는 전횡을 일삼아 시민들이 1960년 4월과 1980년 5월에 들고일어나기도 했습니다. 마산 앞바다는 4·19혁명의 도화선이 된 김주열 학생의 시체가 떠오른 곳이고 마산은 제3공화국을 무너뜨린 부마항쟁이 일어난 곳이기도 하지요. 이 글에서 선생님께서는 정상에 오르기 직전 전망대에서 마산의 새벽 도심과 앞바다를 보면서 자신과 이 도시와의 인연을 생각해 봅니다. "첩첩산골에서 태어나고 자란 나는 약관 스무 살에 이 도시에 홀홀 단신으로 찾아들었다. 그렇게 학교에 다니고 직장생활을 하고 결혼도 했다. 친구도 생기고 가정도 만들었다. 이 아름다운 항구도시에서 살며 사랑하며 한평생 대부분을 함께 했다는 것만으로도 감사할 뿐이다."라고요. 선생님 자신의 한 생이 이 4개의 문장에 온축되어 있습니다.

제4부의 12편 수필 중에는 자전적인 이야기가 많습니다. 5학년 때 담임선생님이었던 하호준 선생님을 회고한「내 마음속의 선생님」을 보니 태생지인 경남 의령군 부림면 권혜리의 별칭인 '머릿골'은 농사꾼들밖에 살지 않는 아주 궁벽한 깡촌이었나 봅니다. 그 일대에서 읍내 중학교에는 1년에 한 명 진학할 정도였다니까요. 6학년 2학기 때 하호준 선생님이 자기 집으로 와 먹고 자게 하면서 입시 지도를 해주어 들어가게 된 중학교, 인생의 빗장이 비로소 열린 것이지요.

중학교 입학시험 합격은 내 인생에서 가장 크고 기쁜 사건이라 할수 있다. 머릿골을 벗어날 수 있는 유일한 돌파구였다. 중학교 진학을 할 수가 없다면 평생 그 산골에서 가난을 대물림하며 땅을 파고나무지게를 지며 살아야 하는 것이 숙명이었다. 그것은 그 골짜기에서 태어난 사람들의 업보이기도 했다.

선생님 덕분에 입신양명의 기회를 갖게 되었는데 중학교 입학 후 전근을 가신 뒤로 그만 헤어지게 된 사연이 가슴 아픕니다. 백 선생님이 유명한 연예인이 되었다면 KBS의 그리운 사람 찾기 프로그램인 'TV는 사랑을 싣고'를 통해 찾을 수 있었을 텐데 말입니다.

「머릿골 우체부 아저씨」에 대한 이야기도 재미있게 읽었습니다. 대학 졸업 후 몇 달 고향에 가 있는 동안에 우체부는 매일 오는 것이 아니라 월, 수, 토요일 세 번만 왔다고 하니 어느 정도 시골인 줄 알겠습니다. 우체부의 빨간 백 안에는 고등학교 합격통지서, 대학입학예비고사 합격증, 대학등록금 고지서, 입영통지서, 젊은 날의 풋풋한 사랑의 연서까지 굵직굵직한 인생역정들이 요술같이 담겨 있었습니다. 지금이야 스마트폰이다 카톡이다 줌이다 해서 통신이 고도로 발달해 지구 반대편에 있는 사람과도 실시간으로 소통할 수 있지만 그 시절에는 그저 우체부 아저씨가 전해주는 편지에 목을 매고 살았지요. 산에 나무하러 간 백남오 총각의 기다림이 안쓰럽습니다.

어떨 땐 산에서 나무를 하다가도 멀리 동구 밖에서 아저씨가 오는 모습이 보이면 하던 동작을 바로 멈추고 비호처럼 달려 내려와 아저씨의 빨간 백 속의 사연들에 촉각을 곤두세우곤 했다. 기다리는 편지가 없을 때는 또 3일을 기다려야 한다는 허허로움 때문에 한없는 절망의 나락으로 빠지고 만다. 또다시 3일 후를 약속하며 고개 너머 진등재로 향하여 떠나시는 아저씨의 뒷모습이 사라진 후에야 나무 짐을 추슬러 내려왔다.

이 해설문의 필자도 출생지가 경북 의성군 안계면이고 성장지는 김천인 촌놈인데 중학교 1학년 때부터 웬 서울 소녀를 사랑하여 10년 동안 펜팔을 했습니다. 처음 만난 대학교 3학년 때의 가을날 이별을 통보받고 닭똥 같은 눈물을 숨어서 흘린 적이 있어서 우체부 아저씨를 기다린 백 총각의 기다림이 이해가 됩니다.

세속적인 의미에서 보자면 백남오 선생님의 지난 70년은 아주 성공적인 삶이었다고 해야 할 것입니다. 스물일곱 살 때부터 마산무학여자고등학교에서 국어교사로 33년을 봉직하고 나서 마산대학교 교양학부 교수가 된 이후로도 10년 이상 후학을 가르치고 있습니다. 지금은 경남대학교 수필 지도교수 겸 청년작가 아카데미의 초빙교수입니다. 진등재문학회를 만들어 마음 맞는 사람들과 수필을 쓰면서 우정을 다지고, 지도자로서의 역할을 다하고 있습니다. 팬데믹 시대임에도 합천군의 요청에 의한 수필 특강, 이주홍어린이문학관에서 강의를 했으니 '문학교사'로서의 충실한 삶을 살고 있는 셈입니다.

또한 병원 수간호사 출신인 아내와 결혼해 딸, 아들을 낳고 단란한 가정을 이루었으니 이보다 더 완성된 인생, 행복한 삶이 어디 있을까요. 게다가 등산이 취미였던 아내 덕에 지리산에 처음 올라 등산의 묘미를 알게 되었고, 그 덕분에 지리산을 제2의 집으로 삼아 30년 동안 300회 이상 등반하는 동안 남다른 건강도 갖게 되었습니다. 이 정도면 남 부러울 것 없는 삶이었다고 할 수 있지만 왜「꽃이 외로운 날」,「외롭지만 행복하다」같은 수필을 쓴 것일까요. 바로 이 지점에 이번 수필집 간행의 이유가 있다고 봅니다.

외로움은 손에 펜을 들게 했습니다. 즉, 문학에 대한 갈망이 언제부터인가 가슴에 사무쳐, 쓰지 않고는 견딜 수 없게 되었습니다. 외로움은 그리움을 동반합니다. 자신의 과거와 현재를 누군가에게 들려주고 싶은 마음이 펜을 들게 했습니다. 현실과 이상을, 갈망과 좌절을, 기쁨과 슬픔을, 아픔과 그리움을 누군가에게 토로하고 싶었을 것입니다. 술에 취해 횡설수설한다면 아무리 취중 진담일지라도 남을 수 없습니다. 허공으로 흩어져버리고 말지요. 인생의 온갖 비의悲意를, 생로병사의 오묘한 비밀들에 대한 사색을 글로 쓰고 싶었겠지요. 그래서 2004년에『서정시학』을 통해 수필로 등단하고 2015년에『수필과 비평』을 통해 평론으로 등단, 그것이 계기가 되어 고등학교 국어교사에서 대학의 교수로 전직을 하게 되었고, 수필집도 꾸준히 내게 되었던 것입니다. 이제 수필문학에 대한 백 선생님의 말씀을 들어보도록 하겠습니다.

돌이켜보면 등단 20년 동안 오직 수필 하나만 부둥켜안고 살아왔습니다. 수필만 생각하고, 수필만 쓰고, 수필만 공부했습니다. 4권의 수필집을 펴냈고, 학생들이 공부하는 교과서에 작품도 실리고, 대학의 학부에서 '수필문학창작'이 3학점 정규과목으로 들어가, 이를 가르치는 선생도 되었습니다. 평생교육원에서는 3개 반, 백여 명이 공부하며 배출한 작가만 50명이나 됩니다. 진등재문학회를 창립하고 문학상도 제정했습니다. 토요일은 합천군 초청으로 5년째 수필강의를 다니고 있습니다. 수필은 구원이었습니다. 수필 하나에 매달리는 것만으로 행복이라 생각하며 살아왔습니다.

어떤 사람은 수필을 신변잡기요 다른 글을 쓰다 지칠 때 쓰는 여기餘技에 지나지 않는다고 폄하하지만 수필은 수필 나름의 향기가 있습니다. 우리 수필의 효시로 삼을 수 있는 김만중의『서포만필』은 미셸 드 몽테뉴나 프랜시스 베이컨의『수상록』에 비하면 100년 뒤에 나온 것이지만 고려조의 패관문학인 이인로의『파한집』이나 이규보의『동국이상국집』, 최자의『보한집』의 일부를 수필의 연원으로 본다면 서구보다 350년 내지 400년이 빠릅니다. 그런데 서구에서는 에세이를 문학의 한 장르로 인정, 문학전집에도 실리곤 했지만 이상하게도 우리나라에서는 수필을 문학의 한 장르로 인정해주지 않은 경향이 있었습니다. 여기에 대해 반론을 펴고, 이론을 정립하고, 작품의 질적 향상을 위해 부단히 애써온 자취가 이번 수필집에 역력하다는 것이 저의 판단입니다. 진등재문학회의 탄생과 성장은 선생님의 수필 사랑의 결실이 아닌가 합니다. 2015년에 선생님의 수필교실 도반들과 창립하여 60명의 정회원을 확보, 고향 의령과 마산, 창원과 그 일대의 수필가들이 일굴 텃밭을 마련했으니 그 또한 세상을 위해 보람된 일을 한 것입니다.

글이란 게 도대체 무엇일까요? 글을 쓴다는 것은? 요즈음 저는 문해력과 한자 실력과 우리말 구사력이 떨어지는 학생들을 보면서 절망합니다. 컴퓨터와 스마트폰, 유튜브와 SNS는 우리네 삶의 양태를 완전히 바꿔놓았습니다. 여기다 영어와 수학을 지나치게 강조하다 보니 국어 실력은 해마다 뚝뚝 떨어지고 있습니다. 이것은 코로나 사태만큼이나 심각한데 사람들은 이 사태의 심각성을 잘 모르고 있습니다.

어느 공사公社에서 SKY대학을 나온 신입사원 수십 명을 뽑아서 기안서를 작성하게 했더니 우리말을 정확하게 구사하는 사원이 단 1명도 없더라는 충격적인 말을 그 회사의 홍보담당자에게 들은 적이 있습니다. 토익 만점대의 영어 실력이면 뭐 합니까. 한국어로 보고서 한 장 쓸 줄 모르는데 말입니다. 모든 자료가 스마트폰을 누르면 나온다고 믿는 그들에게는 "나랏말씀이 중국말과 달라서, 특히 한자와는 서로 통하지 않으므로, 이런 까닭에 어리석은 백성이 말하고자 하는 바가 있어도 끝내 자기의 뜻을 능히 나타내지 못하는 이가 많으니라."고 하신 세종대왕의 말씀이 쇠귀에 경 읽기인 것이지요. 백남오 선생님이나 진등재문학회의 회원들이나 수필을 쓰는 것이 그저 생활 주변의 소소한 이야기를 털어놓는 것이 아니라, 우리의 말과 얼을 지키는 행위임을 제가 잘 압니다.

　　글을 쓰는 일은 상처를 치유하는 일이다. 산다는 것은 어쩌면 상처를 이겨내는 일인지도 모른다. 그동안 살아오면서 가족으로부터, 친구로부터, 사회로부터 수많은 상처를 받아온 것이 사실이다. (중략) 아무런 상처도 없이 행복하게 살아갈 수 있다면 이런 일은 결코 일어나지 않으리라. 그 상처로부터의 치유는 글을 쓰면서 화해하는 방법이 단연 으뜸이라 생각한다. 글쓰기를 통하여 그 상처를 녹여내는 일이다. 그렇게 용서하며 함께 살아가야만 하는 것이 삶이 아니겠는가.

　아, 글을 쓰는 이유 중 아주 중요한 것이 자가 치유의 한 방법이라는 것, 그리고 타인과의 화해 요청이며 더불어 살아가는 대동 세상을 만들기 위한 일임을 이제 확실히 알 수 있겠습니다.

　백 선생님 수필 창작의 또 하나는 이유는 자신의 신앙심에 대한 문자적 피력입니다. 「윤 수녀님께」, 「은총의 땅 파티마에서」, 「고해소 앞에서」, 「원추리꽃 연가」 등을 보니 가톨릭 신자로군요. 저는 프란치스코인데 선생님은 세례명은 시몬베드로 이네요. 선생님의 성품과 딱 맞는 이름입니다. 제가 김대건 신부님 일대기를 갖고 위인전기와 평전을 쓴 사람인 것도 모르고 계시겠네요. 아무튼 저는 선생님의 다음 글을 신앙고백으로 읽었습니다.

　　결혼은 가톨릭과의 만남이기도 했다. 나는 불교에 샤머니즘적 요소가 결합 된 토속신앙 가정에서 자랐다. 부모님께서는 부처님께, 천지신명님께, 용왕님께, 산신님께 온갖 치성을 드린 결과로 나를 낳으셨다고 들었다. 그러니 나 역시 그런 확고한 신앙으로 무장되어 있었음은 당연하다. 그런 내가 결과적으로 가톨릭을 선택했다. 천주교는 어린 시절 위기가 닥치면 무심결에 찾았던 그 하느님이었다. 보편되고 공변된 교회였으며 무엇보다 아내가 믿는 종교였다. 그렇다고 아내는 내게 신앙을 강요하지는 않았다.

　중요한 것은 사모님께서 성당에 같이 가자고 강요하지 않았다는 것입니다. 신앙이 가족 간 갈등의 진원지가 되기도 하는데(특히 이상한 기독교나 일본의 모모한 종교를 믿을 때) 사모님은 신앙을 권유하지 않은 채 오랫동안 지켜본 모양입니다. 간호사 출신이어서 그런지 술독에 빠져 있는 선생님의 육체만 구한 것이 아니라 천둥벌거숭이였던 선생님의 영혼까지 구원했습니다. 산으로만 인도한 것이 아니라 천주교로 인도했으니 선생님께서는 사모님을 업고 지리산 천왕봉까지 올라가야 합니다. 술꾼에, 역마살에, 놀기 좋아하는 경남 천하의 한량 백남오를 제대로 구제해 준 백의의 천사는 이번에는 기도만으로 사람을 구했습니다.

　　나는 아내의 기도가 참 좋았다. 기도하는 아내의 모습에서 위안을 얻었고 평화로움을 누렸다. 삶에 지쳐 힘이 들 때 묵주를 돌리며 로사리오 기도를 드리는 손길에서 하느님을 만나고 사랑의 힘을 믿었다. 기도하는 아내의 모습은 평화로운 천사의 환영으로 다가왔다. 이 순간, 가정이 무탈하고 이렇게 건강하고 자유롭게 다양한 문학 활동과 사회생활을 할 수 있음은 아내의 기도 덕분이라 생각한다.

　정말 복도 많은 분, 잘난 것 하나 없는데 단지 아내를 잘 만나서……. 하하, 농담 한마디 했고요, 이번 수필집에서 제가 수확한 또 하나의 큰 의미는 인간 백남오의 면면입니다. 제일 앞의 작품 「일출을 기다리며」에서 썼던 '민초' 혹은 '백성'의 면모를 갖추고 있어서 그 점이 제 마음에 들었습니다. 경상도 싸나이의 매력이라고 할까요, 가진 것은 쥐뿔도 없으면서 의리가 있고, 배포가 있고, 인간미가 있고 말입니다. 그래서 진등재문학회와 문학제도 앞으로 잘 끌고 갈 것이라 생각합니다. 대학 정년퇴임 이후에도 강의를 계속할 수 있는 것도 실력 외에 인간적인 매력이 있어서가 아니겠습니까. 어느 날 고해소 앞에서 이와 같이 상념에 잠겨 보았습니다.

저는 살아오면서 저보다 약한 자를 억누른 적은 없습니다. 직위와 힘을 이용하여 약한 사람을 탄압하며 교묘한 방법으로 괴롭히지는 않았습니다. 교사 시절에도 공부 잘하고 남 앞에 나서는 아이들보다는 뒤에서 고개 숙인 소외된 아이들에게 더 많은 관심과 사랑을 주었습니다. 약자가 당하는 부당함에 아파하며 저항의 눈물을 흘렸습니다. 힘없는 자가 받는 고통이 가장 슬펐습니다. 지금도 변함없는 진실입니다.

이런 마음이야말로 참된 인간애이고 깊은 신앙심이며 올바른 시민정신이 아니겠습니까. 예수님이 2000년 전에 왜 베들레헴과 나사렛과 예루살렘에 왔겠습니까. 이런 사람들로 이루어진 세상이 아니어서 왔던 것입니다. 붓다가 왜 2500년 전에 왕국을 뛰쳐나가 법과 도를 구하고자 했겠습니까. 도탄에 빠진 인도 제국諸國 백성들의 끊임없는 신음소리를 듣는 것이 너무 괴로웠기 때문일 것입니다. 비록 의적 일지매나 홍길동은 아닐지라도 앞으로 "봉사하며 따뜻하게 살고 싶습니다."란 선생님의 말씀대로 스스로 실천하는 삶을 꾸려갈 것을 저는 믿습니다. 반성의 말씀인 "첩첩 두메산골에서 태어나 극한의 삶을 이겨냈다는 자만심으로, 그 누구의 도움도 없이 오직 혼자만의 노력으로 여기까지 왔다는 아집으로, 내 생각과 판단만이 옳다는 독선으로 주변을 돌보지 못하고 자신의 생존만을 지켜왔습니다."란 말 속에 담겨 있는 진정성도 저는 믿습니다.

담배는 일찍 잘 끊었습니다. 술도 예전처럼 두주불사로 마시고 있지는 않지요? 이제는 몸의 나이를 생각해야 할 때입니다. 마음은 팔팔한 20대 청년일지라도 몸은 그 나이와 다릅니다. 그래도 선생님은 지리산 300번 등반의 강골이시니 앞으로 건강관리만 잘하면 100세까지 수필을 쓸 수 있을 것입니다. 저는 맥주 한 병이면 족한데 그 동네 막걸리가 있으면 언제 한번 내려가 몇 잔 마셔보겠습니다. 담배는 배우지 않았습니다.

독도 기착의 사연과 울릉도 성인봉 등반 과정도 재미있게 읽었습니다. 저는 울릉도에 갔지만 등반은 생각도 못했고, 파도가 너무 심해 독도에는 발을 디뎌보지 못했습니다. 아드님과 스페인 여행을 하고서 쓴 일종의 여행기를 읽으면서 많이 부러웠습니다. 부자지간에 정이 차고 넘치네요. 제 아들은 엄마가 없을 때 아빠가 라면을 끓여줘도 맛없다고 안 먹습니다. 괘씸한 녀석.

백 선생님은 가족을 사랑하고, 이웃을 사랑하고, 고향 의령과 지금의 생활 터전인 마산과 창원을 사랑합니다. 한 집에서 30년을 사셨다는 것은 도시인으로서는 거의 불가사의한 일입니다. 이사를 다녀야지 재산도 늘어나는 현대적 삶의 양태를 부정하고 있습니다. 고지식하고 순진하고 어리숙한 백남오 선생님을 미워하는 사람이 지구상에는 없을 겁니다. 그래서 지리산을 사랑하고 수필문학을 사랑하는 것이 아니겠습니까. 권력과 금력이 행복과 영광과 동일선상에 놓이지 않는다는 것을 선생님께서는 몸소 보여주고 있습니다. 그나저나 지금은 인류 전체가 사활의 기로에 놓여 있는 팬데믹 시대입니다. 참으로 답답한 일상이 간신히(!) 이어지고 있습니다. 도대체 우리 백성은 어떻게 해야 할까요? 선생님 나름의 처방전은 다음과 같군요.

이 어려움 속에서도 얻는 게 없는 것은 아니다. 평범했던 일상들이 얼마나 행복했던가를 절박하게 깨닫는 요즘이다. 늘 같은 일을 되풀이하던 고단한 일상이, 퇴근 후에 동료들과 생맥주 한 잔 두고 사소한 대화를 나누던 작은 기쁨이, 뭔가 새롭고 특별한 이벤트라도 기다리며 따분하게 느껴지던 일상사가, 얼마나 소중하고 그리운 날들이었는지 악성 바이러스를 만나고 나서야 알게 된다. 일상을 벗어난 소망들이 얼마나 허무맹랑한 꿈이었던가를 진지하고 절박하게 가르쳐주고 있는 것이다.

맞습니다. 우리가 무심히 보냈던 평이한 일상이 최고의 행복이었던 것입니다. 행복은 저 산 너머 너머에 있는 것이 아니라 우리가 매일 누리고 있었던 것입니다. 미물보다 작은, 우리가 아무리 눈을 부릅떠도 보이지 않는 바이러스는 인간과, 인간이 만든 백신과 싸움을 벌이고 있습니다. 왜 바이러스가 인간에게 싸움을 걸었던 것일까요? 인간의 자연 학대, 동물 학대, 동족 학대가 도저히 그냥 두고 볼 수가 없었기 때문이 아닐까요. 새 변이 바이러스와 또 다른 변이 바이러스의 출현은 인간의 백신 개발 속도를 앞지르고 있습니다. 그렇다고 그들과의 싸움을 포기하고 마스크를 벗어야 할까요?

지금 이렇게 힘들고 고통스러울지라도 언젠가 바이러스는 끝날 것이다. 인구의 상당수를 희생시킬지라도 결국 전염병은 물러갈 것이다. 빠르게 유행한다는 에피데믹에서 세계적 유행이라는 팬데믹으로 확산된다 해도 그 끝자락은 그렇게 멀지 않으리라. 그날이 오면, 그 평범한 일상이 다시 되돌아온다면, 평범함이야말로 얼마나 행복한 일상인가를 마음껏 누리며 새롭게 한번 살아보고 싶다. 그날이 올 때까지 몸과 마음을 단단히 조이고 닦아서 이 재앙을 반드시 견디고 이겨내야 하리라.

이 또한 한 명 건전한 사고방식을 가진 시민의 연대의식이 아닌가 합니다. 상식을 가진 인간, 인내심을 갖고 있는 보통사람의 생각이 정치권에서는 잘 받아들여지지 않겠지만 이 땅을 지킨 것은 왕과 권문세가가 아니었습니다. 청백리와 민초들이었습니다. 국토 사랑과 모국어 사랑과 인간 사랑을 말로 하지 않고 실천하는 사람, 바로 백 선생님 같은 사람입니다.

이제 곧 일흔이 된다고 했습니다. 이규보의 시가 문득 생각납니다. 일흔에 들어서서 더욱더 좋은 시를 쓰고 싶어 미치겠다고 하면서 「詩癖」이란 시를 썼지요.

年已涉從心　나이는 벌써 七十을 지났고
位亦登台司　지위 또한 태사가 되었으니
始可放雕篆　이제는 문필을 버릴 만도 하건만
胡爲不能辭　어째서 아직도 그만두지 못하는가
朝吟類蜻蛚　아침에는 귀뚜라미처럼 노래하고
暮嘯如鳶鴟　저녁에는 솔개와 올빼미처럼 읊는다네
無奈有魔者　하지만 떼어버릴 수 없는 마귀가 있어
夙夜潛相隨　조석으로 나를 남몰래 따른다네
一着不暫捨　한번 붙어서는 잠시도 떠나지 않아
使我至於斯　나로 하여금 이 지경에 이르게 했네
日日剝心肝　나날이 심장과 간을 깎아서
汁出幾篇詩　몇 편의 시를 짜내나니
滋膏與脂夜　내 몸에 기름기와 진액이
不復留膚肌　조금도 남아 있지 않네
骨立苦吟哦　앙상한 뼈에 괴롭게 읊조리는
此狀良可嗤　이 모습이 진실로 우습구나
亦無驚人語　또한 타인을 경악케 할 언어로

足爲千載貽　천년 후에 남길 만한 것 못 지었으니
撫掌自大笑　스스로 손뼉 치고 크게 웃다가
笑罷復吟之　문득 웃음을 멈추고 다시 읊조리네
生死必由是　살거나 죽거나 오직 시를 짓는
此病醫難醫　이 병은 의원도 고치기 어려우리

—「시벽」 전문(이승하 역)

　이규보는 문필로 일세를 풍미했고 문사로서도 고려조 최고의 위치(修文殿大學士監修國史判禮部事翰林院事太子大保)에 올랐으니 자만심에 가득 차 세상의 칭송을 받으려 했을 법도 합니다. 하지만 적어도 시에 관한 한 그는 목숨을 바쳤다고 해도 과언이 아닙니다. 나이 일흔[從心]을 넘기고 나서야 비로소 시의 진면목을 알겠다면서 신명을 바쳐서 시를 쓰겠다고 맹세하고 있습니다. 나날이 심장과 간을 깎아서 몇 편의 시를 짜내는 자, 뼈만 남은 앙상한 몸으로도 괴롭게 시를 읊조리는 자, 천년 후에 남을 시를 지금까지 못 쓴 것을 한스러워하는 자, 살거나 죽거나 오직 시를 짓는 병에 걸려 괴로워하는 자, 바로 자기 자신 이규보라고 한하고 있습니다. 이 시를 쓴 후에 그는 희대의 명수필 「驅詩魔文」과 절창의 시 「詩魔」를 쓰고는 눈을 감습니다. 저는 「시로 쓴 이규보의 시론 읽기」라는 논문을 쓰면서 「시벽」을 한글로 번역해 보았는데 그때 깨달은 것이 있었습니다. 나이 일흔이 된 이규보가 저런 시를 썼거늘 나는 왜 이렇게 하루하루 무사태평에 무사안일인가. 앞으로는 시를 유언 쓰듯이 쓰자고 이규보의 이 시 앞에서 맹세했던 것입니다.

　백남오 선생님!
　등단한 지 이제 20년이 되었지요? 이번에 내는 제5 수필집은 생의 이정표가 될 것입니다. 수필을 대학생들과 일반 수필가 지망생들에게 가르치고 있으므로 우리 수필의 수준을 높이기 위해 불철주야 노력해주실 것을 부탁드립니다. 그리고 창작자로서 더욱더 수준 높은 수필을 써 우리 수필의 전범이 될 만한 작품을 후세에 남겨주실 것을 아울러 부탁드리는 바입니다. 경남의 수필문학을 지켜온 공이 크지만 수필이 시와 소설, 비평과 희곡과 어깨를 나란히 할 수 있는 날이 온다면 한국문학사에서 수필이 한 장章을 차지할 수 있지 않을까요. 저도 선생님 수필의 한 명 독자로서 늘 관심 갖고 읽고 배우도록 하겠습니다.

　늘 건강하시기를 바라고, 가내 화평하기를 기원합니다.

이승하 삼가 올림.